Från landsortstryckeri till sverigeledande

Ulf Persson

Från landsortstryckeri till sverigeledande

Sörmlands Grafiskas utveckling under perioden 1958-1998

Verkställande direktörer
Lars Wirström 1958-1986
Ingvar Persson 1986-1988, 1989-1991
Hans Carlsson 1988-1989
Ulf Persson 1991-1998

Kumla 2022

Förlag: BoD – Books on Demand, Stockholm, Sverige
Tryck: BoD – Books on Demand, Norderstedt, Tyskland
ISBN: 978-91-8027-589-7

Omslaget: Sörmlands Grafiskas anläggning i Katrineholm efter sista utbyggnadsetappen 1987.

Innehållsförteckning

Förord

Under tiden i karantän på grund av COVID-pandemin bestämde jag mig för att skriva en bok om mitt eget liv. Det blev *Sextio år med data,* vilken publicerades i februari 2022. Under skrivandet vaknade tanken på att skriva en separat bok om företaget Sörmlands Grafiskas historia och utveckling till ett av landets ledande offsettryckerier. Det innebar att jag i min självbiografi valde att begränsa mig något om mina 17 år i företaget även om det ändå blev en hel del.

Min första kontakt med Sörmlands Grafiska var hösten 1981. Jag svarade då på en annons i Dagens Nyheter om administrativ direktör. Jag hade inte fått fram mycket om företaget när jag letade i företagskalendrar på biblioteket men den kortfattade beskrivningen i annonsen räckte tydligen för att väcka intresset. Min fru och jag hade dessutom pratat om att flytta närmare våra hemtrakter i Närke om lämpligt tillfälle skulle dyka upp

Sörmlands Grafiska visade sig vara ett framåt och tekniskt kompetent företag med betydande investeringsvilja. När jag som VD lämnade företaget 1998 var vi sedan ett flertal år det ledande rulloffsettryckeriet i landet utanför dagstidningssektorn med 400 anställda och huvudsaklig inriktning på tidningar och tidskrifter. Antalet titlar låg runt 125 st. Bolaget var också mycket lönsamt.

När jag kom till företaget hade det bakom sig en lång och spektakulär period av byggnationer, maskinanskaffningar och annan teknisk utveckling. Eftervården av investeringarna hade väl blivit något lidande av det höga utvecklingstempot. Det gällde inte minst på det administrativa området där datorutnyttjandet låg långt under vad jag var van vid. Även den ekonomiska styrningen var relativt outvecklad även om företaget hade bättre återrapportering från produktionen än vi haft i Stockholm. Datorer och ekonomi var därför ett par av de områden som lämpade sig särskilt väl för mig att ta tag i.

Lars Wirström, i praktiken grundare av Sörmlands Grafiska och dess VD under nästan 30 år, har tillsammans med några medarbetare beskrivit företagets utveckling fram till slutet av 1980-talet. Det skedde i boken *Sörmlands Grafiska – ursprung och milstolpar* som gavs ut 2001. Jag har använt boken som den främsta källan när det gäller tiden före mitt inträde i bolaget den första januari 1982. Boken kan vara svår att få tag i då den inte verkar ha publicerats genom något förlag.

Trygve Svendsen kom 1968 till Sörmlands Grafiska från SAS med uppgift att bygga upp ett försäljningskontor i Stockholm. Det blev mer av en reklambyrå med SAS-gruppens bolag som huvudsakliga kunder. Svendsen har i boken *Från Sörmlands Grafiska till Sky Market och Scantype* beskrivit verksamheten som frodades under ett drygt tiotal år.

Jag tycker Sörmlands Grafiskas för svenska förhållanden smått unika utveckling är värd att dokumenteras även för den tioårsperiod som ligger efter den period som Wirströms bok behandlar. Eftersom jag varit med om denna tid i ledande befattningar har jag haft god insyn i vad som skett. Jag var redaktör för den 1982 nystartade personaltidningen i drygt tio år och skrev själv en stor del av innehållet, särskilt i början. Eftersom jag bevarat personalinformationen under hela min tid i företaget har jag kunnat gå tillbaka och komplettera mina minnesbilder. Jag har inte haft tillgång till företagets arkiv och vet inte heller i vilken utsträckning det finns bevarat.

Mitt intresse har i första hand varit att försöka förstå vad det var som gjorde att just Sörmlands Grafiska blev så pass framgångsrikt som det blev. Även om jag eftersträvar att vara objektiv kan det naturligtvis inte undgås att jag ser saker från min egen utsiktspunkt och mot min egen bakgrund. Även om min fasta arbetsplats var på kontoret så rörde jag mig mycket ute i produktionen, både som ekonomichef och VD.

Boken täcker i princip åren 1958-1998 men utblickar görs både framåt och bakåt. Efter det att jag lämnade Sörmlands Grafiska hade jag ingen kontakt med företaget innan jag för denna bok tog kontakt för att informera mig om hur det ser ut idag. Jag hade då bestämt mig för att kortfattat redovisa utvecklingen efter 1998 i en efterskrift på några sidor. Skall historien efter 1998 berättas mera ingående måste det göras av någon annan.

Ulf Persson

8

Från landsortstryckeri till sverigeledande

Inledning

Sörmlands Grafiska AB (SGAB) blev omkring 1990 det ledande offsettryckeriet utanför dagstidningssektorn i Sverige. Tyngdpunkten låg på rulloffset, där företaget hade sex pressar. Arkoffset var också förhållandevis kapacitetsstarkt med fem pressar i olika format. Produktionen var inriktad i första hand på tidningar och tidskrifter och man tryckte omkring 100 olika titlar. I övrigt bestod produktionen främst av reklamtryck och kataloger av olika slag. Jag har inte kartlagt övriga tryckerier i Norden vid den aktuella tidpunkten men SGAB kan mycket väl ha varit det största offsettryckeriet, i vart fall ett av de största i Norden.

Vägen till den ledande positionen var lång trots en tydlig målsättning att växa och bli en spelare på nationell nivå. Grunden till SGAB lades redan hösten 1953 i Falun, då tre kompanjoner startade Lindhags Tryckeri på resterna av ett konkursdrabbat företag. Våren 1954 fick man förtroendet att trycka veckotidningen Affärsvärlden, och den var länge företagets viktigaste produkt. 1955 flyttade företaget till Katrineholm men efter tre år gick det i konkurs.

Konkursen kom inte som en blixt från klar himmel utan man hade möjlighet att förbereda sig. Resultatet blev att tidningen

9

Affärsvärlden och dess ägare trädde in som ägare efter en snabb rekonstruktion för att säkra utgivningen. Lars Wirström blev VD i det nya företaget som nu hette Sörmlands Grafiska AB. Han hade varit med och startat Lindhags Tryckeri och var den som ordnade så att Affärsvärlden blev kund. Wirström tog ett stort personligt ansvar för tidningens produktion och att den kom ut i rätt tid. Detta lade grunden till ett långvarigt och förtroendefullt samarbete som bestod när jag själv lämnade SGAB vid utgången av 1998.

Den ekonomiska situationen i SGAB förbättrades under det nya ägandet och företaget kom att drivas mera professionellt. En del nödvändiga investeringar gjordes omedelbart och följdes ganska snart av andra. Den nya ägaren kunde genom sina kontakter i affärslivet skaffa en del nya tryckuppdrag, varav en del tidskrifter. Affärsvärlden var fortfarande huvudprodukten. Antalet anställda dubblerades från drygt 10 anställda efter rekonstruktionen till över 25 sex år senare. Tillväxten återspeglade säkert till en del växande krav från tidningen Affärsvärlden på sitt tryckeri.

Frågan var dock hur SGAB skulle utvecklas över tid. Det förefaller inte som om Affärsvärldens ägare var inriktad på någon större satsning i tryckeribranschen. Det viktigaste var nog att tidningens utgivning kunnat säkerställas. Nu blev utgången den att AB Aerotransport (ABA) förvärvade SGAB för att satsa på tryckeriverksamhet i Katrineholm som komplement till det tryckeri man redan hade på Bromma flygplats. Man kan gissa att Wirström skött tryckeriet väl och att ABA:s VD Sture Blomberg trodde att han skulle vara rätt man att leda den satsning ABA såg framför sig. För Wirström öppnade sig möjligheten att förverkliga det större tryckeri med inriktning på tidskrifter som han hela tiden haft framför ögonen.

ABA tog över SGAB från den 1 juli 1964 och man satte genast igång med att planera för en kraftig utveckling, framför allt på offsetsidan. Blomberg hade blicken riktad mot SAS, vars reklamavdelning fanns på Bromma flygplats. Enheten var en av Skandinaviens största trycksaksköpare så skötte man bara korten så fanns uppdrag och man skulle kunna vara en nyttig partner för SAS reklamavdelning.

Ganska snart räckte inte SGAB:s lokaler till för verksamheten utan man fick hyra ytterligare lokaler och flytta ut avdelningar. Detta var ingen hållbar lösning utan man började på allvar titta efter andra och större lokaler. Man hittade inga lämpliga i Katrineholm så man beslöt att bygga nytt. Man trodde att man tagit till så man hade att växa i men det visade sig omgående vara en felbedömning. Inom loppet av fem år byggde man till tre gånger.

Under de första femton åren av ABA:s ägarskap var SAS-gruppen företagets största och kanske även bärande kund. Från omkring 1980 minskade SAS-gruppens andel av faktureringen betydligt, delvis till följd av ändrad inköpspolicy hos SAS, delvis genom att SGAB hunnit växa till ett ganska betydande företag. Offsettekniken, som en gång var grunden till ABA:s engagemang, hade hela tiden varit företagets huvudsakliga satsningsområde och 1979 lades boktrycket i praktiken ned. Tidskriftssidan hade vuxit och man hade gått över till att producera allt flera titlar i rulloffset, en teknik som funnits i företaget sedan slutet av 1971.

ABA kvarstod som ensam ägare till 1988. Utvecklingen gick vidare under den tiden och tillbyggnader av fastigheten skedde 1981 (utlastning), 1985 (papperslager) och 1987 (limbindningshall). Ett generationsskifte i ledningen hade då inletts genom att Blomberg 1982 lämnade posten som styrelseordförande och Wirström posten som VD 1986. Ledningen i ABA var inte längre inriktad på att behålla och utveckla SGAB inom koncernen. Den VD man tillsatte efter Wirströms avgång kanske var tänkt som en övergångslösning men blev i så fall kvar längre än tänkt. Ingvar Persson, som han hette, var redan pensionerad från flygvapnets underhållsverkstäder på Malmslätt utanför Linköping. Han blev kvar som chef i Katrineholm till augusti 1991, då han ersattes av Ulf Persson som varit ekonomichef sedan 1982.

1988 tog ABA in LO och en grupp av LO-förbund som meddelägare i SGAB. Det skedde som en del av ett samgående med TIBA-Tryck i Stockholm och TIBA:s VD blev koncernchef och VD i moderbolaget, som var SGAB. Ingvar Persson kvarstod som platschef i Katrineholm. Året därpå skedde ett nytt samgående, denna gång med Interprint i Stockholm. Det innebar att ABA, Bonniers och Esselte vardera ägde 30% och LO-gruppen 10%. Nu inleddes en

11

turbulent tid som i slutet av 1993 mynnade ut i att Bonniers och Proventus kom att äga hälften var av SGAB. Detta bestod fram till slutet av 1996 då schweiziska UBS förvärvade SGAB med dotterbolaget Interprint, vilket 1993 rekonstruerats efter en konkurs samma år. SGAB hade även ett arkoffsettryckeri i Jönköping som dotterbolag. Detta bolag, Tryckeri AB Småland, hade kommit in 1988 i samband med samgåendet med TIBA.

SGAB fortsatte under Ingvar Perssons ledning på den linje som utstakats under ABA:s långa ägarskap. Investeringarna fortsatte på hög nivå, både med byggnationer och anskaffning av nya stora tryckpressar. Naturligtvis måste investeringar ske också på andra områden för att upprätthålla balansen i företaget. Början på 1990-talet blev en pressad period ekonomiskt som lättade först i november 1992 när Sverige tvingades devalvera. SGAB kom dock igenom perioden helskinnat men måste tillgripa personalminskningar, i stor utsträckning nödvändiggjorda av den tekniska utvecklingen särskilt inom sätteri och repro.

Ulf Perssons VD-tid präglades till att börja med av arbete på att skapa ett effektivare och lönsammare företag även om investeringsverksamheten fortsatte. Vägen till effektivitet gick via intensifierat kvalitetsarbete, förbättrad ekonomi- och produktionsstyrning, flödesorientering av produktionen och dygnetruntproduktion i tyngre maskiner. Mot slutet av perioden genomfördes några större investeringar i tryckpressar, varav en 16-sidig snabb rulloffsetpress inköpt 1996 var SGAB:s dittills största enskilda investering. Antalet tidningar och tidskrifter som producerades under 1998 var cirka 125. Ett stort antal var naturligtvis mindre produkter men det ingick också ett flertal veckotidningar och stora månadsmagasin.

När man ser tillbaka på SGAB:s utveckling kan man urskilja fyra olika utvecklingsfaser. Dessa har fått var sitt delavsnitt i boken (del 1-4). Gränsen mellan dem är naturligtvis långt ifrån knivskarp. Även om framställningen i stort sett är kronologisk har jag valt att behandla många saker som sträcker sig över två eller flera avsnitt sammanhängande i något avsnitt.

Från 1988 och framåt förändrades ägarförhållanden, koncern-sammansättning, styrelse och verkställande ledning ganska frekvent. Det berörde givetvis även SGAB som mesta tiden var moderbolag i någon konstellation. Jag beskriver dock i huvudsak verksamheten i Katrineholm, som hela tiden gick under namnet Sörmlands Grafiska, och den var märkvärdigt lite påverkad av det som skedde i dess organisatoriska omgivning. Företagsfilosofin var också påtagligt stabil alltsedan företagets grundande.

Ägarförändringar och ändringar i den verkställande ledningen sammanfattas i ett särskilt delavsnitt för att inte stycka upp de tidigare avsnitten. I ett avslutande avsnitt görs ett försök att sammanfatta de faktorer som tillsammans bidrog till att SGAB under en period av 40 år kunde uppvisa en fortlöpande tillväxt under lönsamma former.

Del 1
Etableringsfasen

Förhistorien - Lindhags Tryckeri i Falun

Som framgått tidigare kretsar mycket kring Lars Wirström när det gäller Sörmlands Grafiska. Han var född 1921 i Norrköping. Pappan var typograf på Norrköpings Tidningar så man kan säga att sonen föddes in i yrket. I början av 1950-talet var Wirström arbetsledare på Uddevalla-Kurirens civiltryckeri. På tidningen fanns samtidigt Gunnar Hagner, prästson från Dalsland. Han var född på julafton 1929, var redaktör på Uddevalla-Kuriren och hade trots sin ungdom hunnit starta ett eget förlag. Hagner hade ambitiösa planer och ville förse förlaget, Nutid Förlag, med eget tryckeri. Han pratade med Wirström om sina tankar och paret beslöt att försöka hitta ett lämpligt tryckeri någonstans i Sverige.

Paret stannade för Ellbo-Tryck i Falun som gjort konkurs på våren samma år och inte kunnat rekonstrueras. Bolaget hade ägts av familjen Lind som även drev Lindarnas Förlag i Falun på samma adress. Förlaget var stort som leverantör av tryckta produkter till föreningslivet i Sverige. Familjen var intresserad av att verksamheten fortsatte och Hagner-Wirström tog in Sten Lind från den tidigare ägarkretsen som kompanjon. Lind, född 1920 i Falun, var marknadsinriktad och mera erfaren från affärsverksamhet och utsågs till VD. Bolaget startade verksamheten den 1 november 1953 med ett tiotal anställda.

Ledningen var redan från början klar över att man måste söka ny lokalisering ganska omgående. Läget i Falun var inte bra om man ville skapa ett större tryckeri med kundkretsen främst i Stockholm. Lokalerna, som var inrymda i en äldre träbyggnad i dåligt skick, var inte heller acceptabla. Sökandet efter nya lokaler ledde till Katrineholm, där man redan i februari 1954 förhandlade om det gamla mejeriet, centralt i staden, som stod ledigt. Staden åtog sig att rusta upp byggnaden, vilket drog ut på tiden. När Lindhags

Tryckeri kunde flytta in i september 1955 hade man förlorat värdefull tid.

Ellbo-Tryck hade tryckt några tidskrifter som Lindhags kunde behålla. Genom en slump kom Wirström i kontakt med redaktören Arne Nilsson, som övertagit tidningen Affärsvärlden. Tidningen med anor från 1901 hade varit nedlagd en kortare tid sedan den tidigare ägaren och chefredaktören avlidit. Nilsson ville inte fortsätta på det tidigare tryckeriet i Stockholm utan letade efter ett alternativ. Efter en överenskommelse under våren 1954 om att flytta tryckningen till Falun levererades den första tidningen den 24 juni samma år.

Lindhags flyttar till Katrineholm

Den sedan länge emotsedda flyttningen till Katrineholm blev som tidigare nämnts av i september 1955. Den skedde mellan två nummer av Affärsvärlden och innebar inget avbrott i utgivningen. En del av personalen från Falun följde med för att övergångsvis medverka i produktionen på den nya platsen. Tillgången på grafiskt utbildad personal i Katrineholm var mycket begränsad. Endast en medarbetare, Gunnar Wahlberg, flyttade permanent med företaget. Det ganska lilla bolaget gick i konkurs i början av februari 1958. Som orsaker nämns att den försenade flyttningen medfört extra kostnader och vissa oegentligheter från Lind. Man kan väl anta att bolaget var underkapitaliserat från början och att kompanjonskapet inte fungerade som man hoppats. Wirström hade efter affären med Lind överlåtit sin andel i bolaget och i princip lämnat företaget vid årsskiftet 1957/58 och flyttat tillbaka till Falun. Han skulle där arbeta hos Strålin & Persson som också skulle överta produktionen av Affärsvärlden. Wirström hade dock en fot kvar i Katrineholm genom att han svarade för att Affärsvärlden kom ut varje vecka.

Sörmlands Grafiskas tillkomst och första tid

För att säkra utgivningen av Affärsvärlden nödgades man snabbt rekonstruera verksamheten i Katrineholm. Handelsbanken i Falun hade i samarbete med redaktören Arne Nilsson vidtagit en del förberedande åtgärder så att man var beredd när konkursen väl inträffade. Även konkursförvaltaren, advokaten Stig Ralfe i Katrineholm, medverkade till en snabb process. Ett avtal om att bilda Sörmlands Grafiska (SGAB) träffades på Handelsbankens huvudkontor i Stockholm den 15 februari 1958 och redan den 17, två dagar senare, hölls den första bolagsstämman. Av en artikel i Grafiskt Forum nr 8/1979 framgår att bolaget ägdes av Affärsvärlden och Arne Nilsson. Styrelseordförande var Anders Åkerblom, handelsredaktör på Stockholms-Tidningen och tillika medarbetare i Affärsvärlden. Lars Wirström var självklar VD.

Den gamla mejeribyggnaden låg centralt i Katrineholm och ägdes sedan 1951 av kommunen. Hit flyttade Lindhags tryckeri 1955 och här började Sörmlands Grafiska sin verksamhet 1958.

Antagligen drev konkursförvaltaren verksamheten vidare en kort tid i avvaktan på att rörelsen kunde avyttras. Annons om försäljningen fanns införd den 22 februari både i Svenska Dagbladet och Dagens Nyheter och anbud skulle vara konkursförvaltaren tillhanda senast den 3 mars. I annonsen specificeras maskinparken men ingenting sägs om handsätteriet. Detta ryms tydligen inom begreppet övrig till ett komplett tryckeri hörande utrustning. Antalet anställda anges till 12 personer. Bolaget verkar på slutet ha letts av Hagner. I samband med konkursen nedlades även hans förlag Nutid, vilket ju var en orsak till att Lindhags bildades i Falun drygt fyra år tidigare.

Handsätteriet hade enligt Wirström varit hyggligt välutrustat hos Lindhags Tryckeri medan maskinparken var från tiden före andra världskriget och därmed både gammalmodig och sliten. Redan i maj 1958, tre månader efter starten, var man beredd till de första investeringsbesluten. Det tyngsta av dessa var inköp av en enfärgspress av fabrikat Heidelberg. Denna följdes hösten 1959 av ytterligare en och hösten 1960 av ännu en press av samma typ. Däremellan hade man hunnit byta en gammal rysktillverkad sättmaskin mot en fullgod begagnad av fabrikat Intertype.

Verksamheten i Katrineholm hade nu fått en bättre ägarbild och en kompetent och målinriktad ledning. Styrelsen hade goda kontakter och kunde hjälpa till att skaffa nya kunder, främst tidskrifter. Detta ledde i kombination med förbättrad produktivitet och kvalitet från de nya investeringarna till en fortlöpande om än inte anmärkningsvärt snabb tillväxt i företaget. De personer som tillfälligt följt med från Dalarna hade avvecklats efter hand och nya fått anställas, i många fall lärlingar. Det gjorde att företaget tidigt kom att svara för utbildning av sin egen personal. Under 1964 uppgick enligt Wirström antalet anställda till 38 personer och omsättningen till 1,2 mkr. (Stig Gustafsson anger ca 25 anställda och 1,5 mkr i omsättning när han började 1965. Möjligen kan skillnaden åtminstone delvis förklaras av deltidsanställda).

Fram till mitten av 1960-talet var SGAB helt präglat av den traditionella boktryckstekniken, eller blytekniken om man så vill. Företaget var ett av många likartade landsortstryckerier men man hade en klar målsättning att etablera sig på tidskriftsmarknaden

17

och inte enbart betjäna en lokal marknad. Kommunen och närings-livet hade inte visat någon större entusiasm inför lokaliseringen men var väl inte heller direkt negativa.

Affärsvärldens redaktion låg centralt i Stockholm liksom fler-talet tidnings- och tidskriftsredaktioner. Det blev naturligt att re-dan från början satsa på dagliga budtransporter även om järnvägs-stationen låg nära. Flertalet av dessa bud kördes av brandmän från den närbelägna brandstationen.

Diskussioner om framtiden

Arne Nilsson hade alltifrån förvärvet av Affärsvärlden haft hjälp av Sture Blomberg, då nyutnämnd VD på AB Aerotransport (ABA). ABA, som var samägt av staten och näringslivet, förvaltade den svenska ägarandelen på 3/7 i SAS. Wirström kom i kontakt med Blomberg vid besök på tidningens redaktion. Läget för SGAB var sådant att det skulle krävas växande investeringar om bolaget skul-le utvecklas. För Affärsvärlden var det tveksamt att göra en sådan satsning som ju låg utanför dess kärnverksamhet.

För Blomberg var läget annorlunda. ABA hade övertagit in-terntryckeriet på Bromma Flygplats från SAS och drev det under namnet Bromma Kontorstryck. Av hänsyn till gällande kollektiv-avtal var man begränsad till format A3. Diskussionerna mynnade ut i att ABA förvärvade SGAB per 1 juli 1964 för att därigenom kunna utveckla tryckeriverksamheten och sin service till flygsek-torn. SGAB lades som dotterbolag till Bromma Kontorstryck och förblev som sådant under många år framöver.

Del 2
ABA ny ägare - höjer tempot

Aerotransport ny ägare

Genom ABA fick företaget de ekonomiska muskler man tidigare saknat. Man fick också tillgång till en ny marknad hos flygbolagen även om man inte släpptes in utan vidare utan måste visa vad man gick för. SGAB blev naturligtvis mera trovärdigt ur finansiell synpunkt, vilket underlättade anskaffandet av nya kunder rent allmänt. En tanke när ABA genom Bromma Kontorstryck förvärvade SGAB var att utveckla offsetproduktionen i Katrineholm med större och mer produktiva pressar. Det ledde till att den första offsetpressen, en enfärgspress i format A2, kom in 1965. Redan på våren samma år beställdes en större offsetpress, denna gång en tvåfärgspress i format A1. Första tidskriftsuppdraget i offset var SAS personaltidning Inside SAS, vilken tidigare tryckts i Danmark. Tidningen kom ut varannan vecka och trycktes på tre språk.

Satsning skedde inte enbart på offset utan även på boktrycket. Gängse teknik för sättning var fortfarande maskiner för radgjutning i bly och vid ett tillfälle köptes tre nya maskiner av fabrikat Intertype. Samtidigt köptes en ny tryckpress av märket Albert Präsident som ersättning för den Augsburgpress som följt med från Lindhags.

Den växande verksamheten ställde krav på flera områden och personalstyrkan utökades med flera medarbetare med god grafisk utbildning och erfarenhet. Det innebar en nödvändig avlastning för Wirström som måste koncentrera sig på ledningsuppgifter. Även den kamerala sidan förstärktes. Leveranserna till Stockholm ökade och man inköpte en mindre lastbil för dagliga transporter. För lättare gods ordnade man en daglig budtransport i samarbete med Bromma Kontorstryck, vilken innebar att bilar från de båda företagen möttes i Gnesta, där chaufförerna bytte fordon. Systemet med brandmän som körde på ledig tid upphörde därmed.

Repro och bokbinderi flyttar ut

Satsningen på offset drog även med sig behov av en reproavdelning för att få fram tryckplåtar. Sättningen gjordes regelmässigt i blyteknik och avdrag gjordes på barytpapper i en korrekturpress. Avdraget fotograferades och filmen monterades såsom sidan skulle ligga på tryckplåten. Bilder, vinjetter etc monterades också ihop med sidfilmen, varefter tryckplåten kunde kopieras från filmmontaget.

Den första personalen på offsetsidan fick hämtas utifrån, framför allt från Norrköping. Ganska snart måste man få nya och större lokaler och det innebar att reproavdelningen flyttade till gamla konsumbutiken på Oppundavägen. Samtidigt flyttade man med en del av papperslagret.

Den växande produktionen förde också med sig att bokbinderiet efter hand moderniserades och utökades från den ganska enkla och manuellt betonade verksamhet som funnits på 1950-talet. Även distributionen växte i takt med att fler tidningar och tidskrifter producerades och adresserades. Det innebar att även bokbinderi och distribution måste lämna mejeriet för nya lokaler på Vingåkersvägen.

Flytt till egen fastighet

Tillväxten av företaget medförde som nämnts att lokalerna i Mejeriet inte räckte till. Man undersökte möjligheterna att förhyra lämpliga lokaler i Katrineholm men fann inget ändamålsenligt alternativ. Utgången av processen blev att SGAB förvärvade en större industritomt på Högmossens industriområde med option på ytterligare tomtmark. Under påskhelgen 1967 kunde man lämna mejeriet och övriga lokaler och flytta in i en egen nybyggd fastighet i västra utkanten av Katrineholm. Man trodde att man tagit till ordentligt men fick bygga till tre gånger inom en femårsperiod för att rymma verksamheten.

Offsetproduktionen ökade hela tiden och redan innan övrig inflyttning i de nya lokalerna hade man monterat upp en tvåfärgspress av märket Roland i format 89x124 cm. Det var den största offsetpressen dittills men redan under sommaren köpte företaget ytterligare en press av samma typ. Toppen nåddes några år senare när SGAB skaffade två pressar från MAN i format 102x142 cm. Det

20

var en 4-färgspress och en tvåfärgspress. Pressarna användes bl a för att trycka SAS nystartade ombordtidning Scanorama som omfattade över 100 sidor i 4-färgstryck varje månad.

Maskinsätteriet i mitten av 1970-talet. Totalt fanns 4 sättmaskiner, dessutom fanns ett handsätteri. Bild från SG-Info nr 68/1992.

Aktiekapitalet var från början 5 tkr och förblev så även efter ABA:s förvärv. Efter inflyttningen i egen fastighet höjdes det dock till 25 tkr genom fondemission och kort därefter till 100 tkr genom nyemission. I början av 1969 var det dags att höja aktiekapitalet till 300 tkr genom nyemission.

Marknadsorganisationen
Försäljningen skedde från början direkt från Katrineholm, i princip genom Lars Wirström personligen. Kunderna fanns visserligen huvudsakligen i Stockholm men goda förbindelser fanns både med tåg och bil. Man kan utgå från att Wirström under SGAB:s första tid i likhet med de flesta småföretagare fick göra offert- och faktureringsarbete på kvällar och helger.

21

Handsätteriet på SGAB i början av 1970-talet. God ordning men så hade man också en uppsjö av draglådor för förvaring av material. Bild från Wirström, Sörmlands Grafiska - ursprung och milstolpar

När ABA kom in i bilden förstärktes säljorganisationen efter ett par år med Ole Ellefsen som arbetade som distributionschef på Bromma Kontorstryck. Ellefsen etablerade goda affärsförbindelser med framför allt SJ och SGAB fick den vägen betydande uppdrag både vad gällde sättning och tryckning. SGAB kunde erbjuda betydligt bättre tryckeriservice än SJ:s interna tryckeri i Tomteboda och detta bäddade för ett mångårigt gott samarbete.

ABA hade ju övertagit SAS interna tryckeri och drivit verksamheten vidare som Bromma Kontorstryck. Sture Blomberg, VD i ABA och styrelseordförande i dess dotterbolag, såg SAS stora behov av trycksaker och ville hjälpa till att ta hand om det. Då SGAB samtidigt började känna behov av ett säljkontor i Stockholm erbjöd Blomberg 1967 Trygve Svendsen att ta ansvar för uppstart av detta.

Svendsen, som hade ledande uppgifter inom SAS reklamavdelning, funderade på saken och året därpå tackade han ja och startade upp ett stockholmskontor. Det kom att först lokaliseras på Huvudsta gård men flyttade sedan till Sundbyberg innan det till slut hamnade på Gårdsfogdevägen intill Bromma Flygplats.

Boktryckspressar 1977. Totalt fanns 3 Johannisbergpressar, 3 Heidelbergcylindrar och 2 Vingheidelbergare. Bild från SG-Nytt nr 52/1990.

Svendsen byggde upp kontoret så att det utvecklades till en reklambyrå och efter några år bolagiserades verksamheten under namnet Sky Market Promotion, då dotterbolag till SGAB. Kunderna fanns huvudsakligen inom SAS-sfären som på den tiden var ganska expansiv. Sky Market erbjöd både kreativa tjänster, tryckeritjänster och annonsförmedling. Bolaget hade eget sätteri i sina lokaler, vilket var ovanligt för en reklambyrå på den tiden. Omkring 1977 var antalet anställda 32 personer.

Ändrat kundbeteende från SAS-sfären, där bl a SAS gick över till att anlita Brindfors Reklambyrå, gjorde att affärsunderlaget snabbt krympte. Sky Market fick avvecklas i början av 1980-talet. Efter 1985 hade inte SGAB några egna ambitioner på det kreativa området.

Under glansdagarna på 1970-talet bidrog verksamheten vid stockholmskontoret i betydande grad till att placera tryckuppdrag från SAS-sfären i Katrineholm och även till att genom höga kvalitetskrav utveckla kvaliteten i produktionen

Omkring 1970 anställdes också de första renodlade trycksaksäljarna på stockholmskontoret. Senare utbyggdes säljorganisationen så att man i vart fall 1977 hade säljkontor också i Göteborg och Malmö.

Sörmlands Grafiska efter utbyggnaderna 1969, 1970 och 1972. Man tog sedan paus till 1981, då en tillbyggnad gjordes för utlastningen. Bilden från SGAB Fakta 1982.

24

Fotosättning – ny teknik för textinskrivning

Offsetsidan hos SGAB var nu så stor att man behövde hitta ett nytt sätt att få fram spalterna till tidskrifterna och andra trycksaker. Vägen över sättning i bly och barytavdrag för att få fram underlag för reprofotograferingen var både omständlig och kostnadskrävande. Det ledde till att man 1968 satsade på IBM Composer för satsframställning och våren 1971 på fotosättning från hålremsa. Samma år anställdes Bertil Sääv, då nyexaminerad ingenjör från Tekniska Läroverket i Katrineholm, som ansvarig för den nya tekniken och dess vidareutveckling. Fotosättningen i Sverige befann sig fortfarande i sin linda men genom denna satsning säkrade SGAB en plats i framkant av den nya tekniken. Detta var upptakten till ökad ADB-användning inom förpress. Ett par viktiga produkter som drog stor nytta av den nya tekniken med ADB och fotosättning var de tidtabeller man producerade för Linjeflyg och SJ.

De stora sättvolymerna hanterades i Katrineholm för tidskriftsproduktionen. Trygve Svendsen byggde som ovan nämnts även upp ett sätteri vid stockholmskontoret för att ge snabbare och bättre service till kundkretsen än som blev fallet när sättning och korrektur skulle skickas fram och tillbaka till Katrineholm. Även detta sätteri använde IBM Composer till att börja med men gick sedan över till fotosättning. Inriktningen var i huvudsak på annonser och reklamtrycksaker.

SGAB hade inrättat en egen reproavdelning redan i mejeriet, vilken som tidigare nämnts snart fick flytta ut på grund av utrymmesskäl. När offsetproduktionen växte i snabb takt genom anskaffning av nya tryckpressar räckte inte den egna repron till utan man fick till stor del förlita sig på externa reproföretag. Det fanns ingen utbildad repropersonal att tillgå i Katrineholm utan man måste lita till rekrytering av personal från andra orter. Visserligen satsade man på egen utbildning men lång utbildningstid och brist på lämpliga utbildare hämmade utvecklingstakten.

Rulloffset gör entré

Den första rulloffsetpressen var en 16-sidig Solna RP-36 med dubbla banor och flamtork, vilken installerades i slutet av 1971. Den användes bland annat för tidtabeller men även för tidskrifter och annat tryck. Pressen innebar att SGAB kom in på en ny marknad som visade sig ha en klar underkapacitet inom landet. Redan tidigt 1973 var man beredd att installera ytterligare en 16-sidig rulloffsetpress. Även denna gång var det en svensktillverkad press men nu från GMA, Grafiska Maskinaktiebolaget. Jag tror tryckhastigheten var 18 000 ex/tim. Pressen kom i produktion i augusti 1973 och innebar då ett betydande lyft kapacitetsmässigt. Pressen tryckte också bra för sin tid och den användes för många kvalitetsprodukter, bl a Scanorama. Tor Gulbrandsen medverkade vid montering och idrifttagande och anställdes därefter som teknisk chef.

Den först installerade Solna-pressen var svåranvänd, främst på grund av problem med flamtorken som brände av pappersbanan vid stopp i pressen. Den stannade några år i SGAB och företaget satsade i fortsättningen på 8-sidiga Zirkonpressar, en då mycket populär och prisbillig östtysk maskin. Den första Zirkon-pressen installerades 1974 eller möjligen 1975. Som mest hade SGAB tre Zirkon i början av 1980-talet. Pressen tryckte hyggligt men själva maskinkvaliteten var i relation till priset och tryckverken fick bytas efter några få år. Kullagren hade man lärt sig byta redan före idrift-tagandet.

En sammanställning över rulloffsetparkens utveckling åter-finns i bilaga 1.

Säkrare kvalitet i arkoffset än i rulloffset

På arkoffsetsidan var man så långt kommen att företaget 1974 fick i uppdrag att trycka kartor för Rikets Allmänna Kartverk (från 1 juli 1974 Lantmäteriverket). Det är en produkt med höga kvalitets-krav och man fick sedan fortsatt förtroende av kunden. På rulloff-setsidan var det länge svårt att uppnå en kvalitet jämförbar med den i arkoffset. Det vållade problem bl a med Scanorama som på grund av hög upplaga lämpade sig för rulloffset men hade höga kvalitetskrav på annonserna, vilka i stor utsträckning var interna-tionella.

Flygbolaget SAS hade, som tidigare nämnts, kommit in som kund genom ABA:s ägarskap. Det var en stor och viktig men också krävande kund som SGAB hade svårt att helt tillfredsställa. Problem fanns både vad gällde kvalitet och leveranstider. Olika insatser för att lösa upptäckta problem och svagheter medverkade dock till en efter hand förbättrad kvalitet och tidshållning. Man får dock inte bortse från att saker kunde gå fel vid en så snabb expansion som bolaget uppvisade. 1973 var extremåret med en ökning av antalet anställda med 74 personer och faktureringen med 55 procent.

Marknaden uppfattade att SAS var en så dominerande kund att andra kunder skulle få stå tillbaka när SAS-produktionen måste fram. De ökande produktionsresurserna i företaget medförde dock efter hand att SAS-inslaget i produktionen minskade. Enligt Stig Gustafsson var SAS-gruppens andel aldrig högre än 25% och genom minskningen blev SGAB en aktör att räkna med på den allmänna trycksaksmarknaden. I början av 1980-talet kunde man helt skaka av sig stämpeln som ett SAS-tryckeri även om SAS och närstående bolag fortsatte att vara viktiga kunder

Egen underhållsavdelning byggs upp

Uppbyggnaden av SGAB:s egen underhållsverkstad inleddes 1974 och när jag började 1982 fanns personal både för mekanisk och elektrisk service. Detta var nödvändigt med företagets läge långt från maskinleverantörernas servicepersonal och en allt mer omfattande verksamhet med allt strängare krav på leveranssäkerhet och ökad skiftgång. Verkstaden omfattade 5-6 medarbetare och leddes av en arbetande förman under tekniska chefens vingar. Så här efteråt kan sägas att företaget borde ha ägnat mer uppmärksamhet åt att utveckla kvaliteten i underhållsarbetet. Det hade krävt bättre utbildning av all berörd personal och mer förebyggande underhåll. Tidspress och annat gjorde att det ofta handlade om att få igång maskiner som stannat eller trilskades på annat sätt. Sannolikt hade företaget behövt en eller två ytterligare anställda för att höja nivån men det hade säkert betalat sig.

Boktrycket läggs ned

Anammandet av offsettekniken hade varit lyckosamt för SGAB och tog successivt över tryckeriproduktionen. 1978/79 lades boktrycket i princip ned men några mindre maskiner behölls av serviceskäl ytterligare dryga tio år. På marknaden hade man blivit ett namn genom sitt samarbete med flera välrenommerade kunder och produkter. Affärsvärlden var fortfarande skötebarnet, vilket var naturligt med tanke på den avgörande betydelse tidningen haft för verksamheten redan före och de närmaste åren efter SGAB:s tillkomst. Affärsvärlden bidrog till SGAB:s utveckling genom egen kreativitet och hög ambitionsnivå, inte minst vad gällde hög aktualitet och säker utgivning. Sett ur SGAB:s synvinkel kunde man säga att om man motsvarade Affärsvärldens krav så klarade man också kraven från de allra flesta tidskrifterna på marknaden.

Sätterifaktorn Arkadi Wiskman (t v) och tryckaren Anders Larsson visar upp den sista tryckformen i bly för Affärsvärlden. Det var dubbelnumret 31/32 som utkom den 1 augusti 1979. Tidningen hade då tryckts i 25 år av SGAB och dess föregångare. Från nästa utgåva två veckor senare trycktes tidningen i offset

28

Nedläggningen av boktrycket innebar att en relativt stor lokalyta i tryckeriet frigjordes och kunde utnyttjas för offsetpressar. Genom omflyttningar kunde utrymme skapas för den första Rotoman-pressen, vilken installerades vid årsskiftet 1981/82. Fotosätteriet, som hade lättare utrustning än blysätteriet, hade tidigare byggts upp i ett våningsplan ovanför repro och bokbinderi.

Tryckpressar 1979

Pressparken i boktryckeriet var intakt fram till avvecklingen av boktrycket. Inom arkoffset hade SGAB valt att satsa på Miller-pressar. Ytterligare en Millerpress utöver de som redovisas i tabellen anskaffades ganska snart. Det var en TP29S i format 52x74 cm. Solnapressarna användes bland annat i den interna utbildningen av tryckare

Tekniska data, utrustning

Antal	Maskintyp	Max. arkformat m/m	Tryckmöjligheter
Boktryck			
3	Johannisberg	730 × 1040	1+0
1	Heidelberg	640 × 890	1+0
1	Heidelberg	560 × 770	1+0
1	Heidelberg	540 × 720	1+0
2	Heidelberg	260 × 380	1+0
Arkoffset			
1	M.A.N.	1020 × 1420	4+0
1	M.A.N.	1020 × 1420	2+0
2	Miller TP 41	720 × 1040	4+0, 2+2, 1+3
1	Miller TP 41 S	720 × 1040	5+0, 1+4
2	Solna 425	460 × 640	4+0
1	Solna 225	460 × 640	2+0
1	Solna P25	460 × 640	1+1
Rulloffset			
1	Zirkon	452 × max 660	8 sid. A4 4+4 el. 16 sid. 2+2, 2 falsar
1	Zirkon	452 × max 660	8 sid A4 4+4, 2 falsar
1	GMA	625 × max 965	16 sid A4 5+5, 32 sid 2+2 el 1+1 + 4+4

Sättning

Blysättning (boktryck)
Datorstyrd fotosättning "on-line" med skivminne och korrigeringsterminaler

Foto/Repro

Utrustning för färgseparation, montering och kopiering

Bokbinderi

Komplett utrustning för skär-ning, falsning, klamring och limbindning Adressering från "datalakan", distribution

Kontakta oss ang övriga format och tryckmöjligheter

Tabellen ovan är hämtad från den första faktasammanställningen över SGAB:s presspark. Den gavs ut till kunderna 1979 och var då anpassad till Lilla Planeringskalendern.

Sörmlands Grafiska syns alltmer

Utvecklingen under den första expansionsfasen efter ABA:s inträde drevs i hög grad på av ansträngningarna att leva upp till SAS-koncernens krav på kvalitet och leveransförmåga. Utgångsläget var ju att många återkommande trycksaker redan hade sina leverantörer och man måste överträffa dem, ge bättre service eller bättre pris för att blidka inköparna. Å andra sidan hade man det försteget att SAS reklamavdelning fanns på Bromma och att man hade god kontakt med avdelningen från stockholmskontoret..

Ambitionen på tidskriftsområdet hölls hela tiden levande och antalet tidskrifter växte stadigt. SGAB var från början uppbyggt som fullservicetryckeri, bl a för att klara Affärsvärlden. Inside SAS och Scanorama blev levande exempel på vad man förmådde av större produkter i fyrfärgstryck. Tidskriften Det Bästa, som kom in i mitten av 1970-talet, var också en kund som marknaden kände till.

SGAB hade på det hela taget inte någon annan maskinutrustning än konkurrenterna. Det tillsammans med det faktum att företaget av många upplevdes som ett SAS-tryckeri gjorde att det länge gick under radarn. Det är möjligt att det var först när man fick tryckningen av Röster i Radio, en veckotidning med ganska stor upplaga, som man uppmärksammades på allvar. Tidningen blev samtidigt en klar draghjälp i marknadsföringen.

SGAB hade alltsedan starten haft för vana att åta sig uppdrag som egentligen var för stora eller för krävande för att sedan med en kraftansträngning klara ut det hela. För att våga detta var det viktigt att man kunde utgå från att personalen ställde upp för sitt företag, vilket man hela tiden gjorde. Ett exempel kan vara just Röster i Radio som man tog efter en längre förhandling. Man överraskades sedan av en begäran om att trycka julnumret omedelbart före avtalsårets ingång. Detta skulle ju ha gjorts av den utgående leverantören, vilken tydligen surnat till. Egentligen hade SGAB inte kapacitet för julnumret men löste ändå uppgiften. Sådant inger respekt när det berättas.

Satsning på 16-sidig kvalitetspress

När SGAB erhöll uppdraget att från 1 januari 1982 trycka Röster i Radio TV förutsatte detta en ökad presskapacitet. Man beställde då en 16-sidig Rotoman med tryckhastigheten 30 000 ex/tim från det tyska företaget MAN-Roland för leverans till tryckstarten. Installationen av pressen krävde att man installerade teknik för rening av rökavgaserna från den gasoleldade torkenheten. Anläggningen fungerade som avsett och man kopplade snart in övriga rulloffsetpressar till avgasreningen. Pressen var utrustad med fem dubbel-

Den första Rotomanpressen installerades i slutet av 1981 och togs i drift direkt i början av 1982. Pressen var utrustad med 5 tryckverk, det 5:e var för tryckning av en extra svartbana. Tryckhastigheten var 30.000 ex/tim. Bild från SGAB årsredovisning 1982/83.

Manöverbordet till den första Rotomanpressen var placerat i en ljuddämpande hytt. När personalen arbetade utanför hytten använde man hörselskydd. Bild från SGAB årsredovisning 1982/83.

tryckverk och dubbla rullställ och kunde trycka 16 sidor i fyrfärg och ytterligare 16 sidor i svart. Detta bedömdes som värdefullt när pressen anskaffades men med den följande snabba övergången till enbart 4-färgstryck minskade betydelsen av en extra svartbana.

Erfarenheterna av den första Rotomanpressen var goda efter en jobbig och kostsam uppstartsperiod med låg produktivitet och hög pappersförbrukning. Det blev inte bara Röster i Radio som trycktes i pressen utan även andra produkter med större upplagor och höga kvalitetskrav, bl a Scanorama. Det visade sig svårt att blanda arkdelar tryckta i Rotomanen och GMA-pressen på grund av olika tryckkvalitet och många kunder kom att kräva tryckning i Rotomanpressen.

Snabb expansion

Diagrammet nedan, som är hämtat från årsredovisningen 1981/82, visar den snabba personaluppgången från mitten av 1960-talet till mitten av 1970-talet. SGAB hade vid denna tid brutet räkenskapsår som slutade den 30 september.

Orsaken till att personalstyrkan planat ut trots kraftigt ökad omsättning har inte särskilt kommenterats i mina källor. Det förefaller dock troligt att det funnits en betydande rationaliseringspotential efter många års expansion och att man valt att arbeta med den. Bland annat är det troligt att de många lärlingar och andra yrkesovana som rekryterats efterhand blivit mera produktiva. Det är också troligt att maskininvesteringar i bokbinderiet, som är personalkrävande till sin karaktär, bidragit till bättre produktivitet. Produktiviteten i fotosätteriet har också kraftigt förbättrats från mitten av 1970-talet genom en snabb teknisk utveckling.

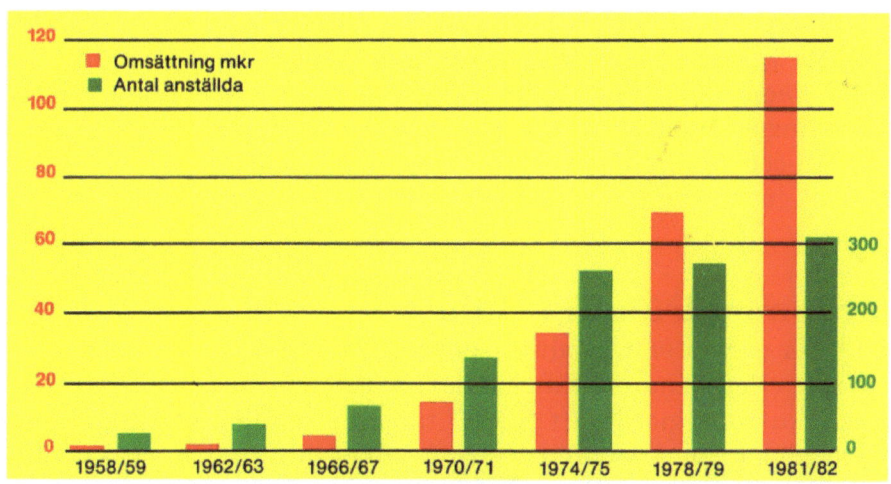

Diagrammet visar den snabba expansionen från mitten av 1960-talet. Under de femton åren mellan 1966/67 och 1981/82 ökade omsättningen från 4,1 till 114,1 mkr och antalet anställda från 64 till 311 personer.

33

Del 3
Ledande rulloffsettryckeri

Flygsektorn allt mer en vanlig kund

I början av 1980-talet inträffade olika saker som innebar att den tidigare ganska starka kopplingen till SAS-sfären försvagades. SAS hade ändrat sin policy på reklamområdet och valde att anlita Brindfors som sin huvudsakliga reklambyrå. Därmed rycktes en stor del av underlaget för SGAB:s dotterbolag Sky Market bort och bolaget upphörde ganska snart. Även Scantype, som erbjudit service till SAS, fick avsluta sin verksamhet. SGAB kunde dock etablera ett bra samarbete med Brindfors som i princip blev en vanlig trycksakskund. Byrån var kompetent på det grafiska området och bidrog till att stärka kvalitetsarbetet inom SGAB.

Sture Blomberg lämnade 1982 posten som styrelseordförande i SGAB men kvarstod ytterligare några år i styrelsen. Hans efterträdare som VD i ABA och ordförande i SGAB:s styrelse kom från flygsidan och hade inte alls samma kunnande och intresse för den grafiska verksamheten som Blomberg haft. Motiven för att äga SGAB hade också försvagats både genom den allmänna teknikutvecklingen i den grafiska branschen och ändrad företagspolicy hos SAS och ABA. Slutsatsen blev att man skulle driva SGAB som ett vanligt företag för att på sikt och vid lämpligt tillfälle avyttra bolaget.

Lärdomen från Vi i Villa

Vi i Villa var en stor produkt som SGAB åtagit sig att trycka och som mer eller mindre fyllde lokalerna när det var tryckdags. Hård priskonkurrens gjorde att SGAB tappade uppdraget till Holland någon gång kring årsskiftet 1982/83, vilket initialt ingav bekymmer om beläggning och intäkter. Efter en tid kunde man konstatera att det var bra att uppdraget lämnade SGAB eftersom det skapade allt-

34

för stora ojämnheter i beläggningen. Det gällde inte bara i tryckeriet, där tidningen i huvudsak trycktes i Zirkonpressarna, utan även på övriga avdelningar. Genom det sätt på vilket SGAB var uppbyggt var det inte lämpligt med alltför stora rena tryckuppdrag eftersom dessa inte gav sysselsättning på alla avdelningar. Lärdomen var att det var bättre med många medelstora uppdrag som flöt genom företaget ganska smidigt. Det innebar dessutom att ett bortfall av en produkt inte innebar någon katastrof. Till detta kan läggas att prisbilden i allmänhet var bättre för mindre uppdrag.

Fortsatta investeringar i 16-sidig rulloffset

Det visade sig ganska omgående att man kunde sälja den ökade tryckkapaciteten på marknaden, framför allt genom att få in fler tidskrifter. Ytterligare en press beställdes och sommaren 1983 kom en andra Rotoman i drift och den placerades i dåvarande papperslagret. Pressen innebar en rätt drastisk förbättring av SGAB:s tryckkapacitet och konkurrensförmåga, dels genom att man hade en backup vid maskinstörningar, dels genom att man kunde trycka parallellt i två pressar och därmed korta produktionstiden avsevärt. Med denna investering hade SGAB definitivt tagit steget in bland landets ledande rulloffsettryckerier. Man hade nu tre 16-sidiga och tre 8-sidiga pressar med ett brett utbud av produktionsalternativ.

Tanken hade varit att byta ut den 1973 installerade 16-sidiga GMA-pressen men man ångrade sig och behöll den delvis. Pressen moderniserades i stället genom byte av tryckverk mm till en Rotoman sommaren 1985. Då hade man under året innan hunnit byta ut en 8-sidig Zirkonpress mot en nytillverkad svensk maskin, OP8 från GMA. Antalet 8-sidiga pressar minskades samtidigt till två, vilket frigjorde visst utrymme i tryckeriet.

Den största enskilda investeringen under slutet av 1980-talet var en ny snabbgående 16-sidig rulloffsetpress av typen Rotoman med en tryckhastighet av 50.000 ex/tim. Pressen levererades sommaren 1989 och placerades i det gamla papperslagret parallellt med Rotoman nr 2. Efter en sedvanlig inkörningsperiod blev pressen mycket produktiv och medförde ökad konkurrenskraft på produkter med större upplagor.

Det gjordes många större och mindre investeringar i tryckeriet på och runt rulloffsetpressarna. Manöverhytter byggdes redan i början av 80-talet till alla rullpressar. Detta var en nödvändighet sedan man kommit överens med personalen om flexibla matraster i rullpressarna för att förbättra pressutnyttjandet och minska makulaturen. I princip innebar systemet att man förlade matrasterna till tid då pressen stoppades av tekniska orsaker eller vid full upplaga. Det kunde också vara aktuellt att äta under gång. Dessutom förbättrades ventilationen i lokalerna betydligt.

Nytt papperslager

Den kraftigt ökade tryckeriproduktionen och ianspråktagandet av en stor del av det gamla papperslagret som presshall gjorde det absolut nödvändigt att bygga till en hall för papperslager och godsmottagning. Under en period hade SGAB tvingats förhyra externa lokaler för lagring av papper. Det var naturligtvis både opraktiskt och oekonomiskt och måste åtgärdas skyndsamt.

Det nya lagret med portar till de två närmast belägna tryckhallarna stod klart 1985. Det ökade lagerutrymmet och de ökande volymerna gjorde det möjligt att i större utsträckning köpa fulla lastbilar, vilket gav bättre leveranssäkerhet och mindre transportskador. Det nya lagret innebar också en förbättring genom att man med egen truck kunde lasta av bilar bakifrån i skydd av vädertätningar. Möjlighet gavs också till avlastning från sidan, vilket var värdefullt vid maskinleveranser. Utrymme för ytterligare pressar skapades samtidigt i tryckhallarna genom att lagring av papper i dessa kunde upphöra.

Även arkoffset utvecklas

Arkoffset var en ökande del av tryckeriproduktionen från introduktionen 1965 och ersatte successivt boktrycket fram till dess avveckling under 1978/79. Företaget tryckte en hel del tidskrifter i arkoffset men även reklam, kataloger och annat informationstryck.

SGAB deltog även i tryckningen av SAAB:s bilbroschyrer, vilket var en stor och kvalitetsmässigt krävande sak. Omfattningen var sådan att man behövde samarbeta med annat tryckeri, vilket visade sig medföra problem. Tryckning av kartor för lantmäteriet

Arkoffsetpressen Miller TP41S får representera mellanklassen hos SGAB.
Pressen har 5 tryckverk och största arkformat är 72x104 cm. Bild från
SGAB årsredovisning 1983/84.

blev en ganska stor sak från mitten av 1970-talet. 1982 fanns två
stora arkpressar i format 102x142 cm, två i mellanformat 72x104
cm och en press i format 52x74 cm samt ett par pressar i mindre
format.

Utvecklingen gick mot de mindre arkformaten men så sent som
1987 köptes en ny 4-färgspress i det största formatet. Det var kva-
litetsskäl som föranledde bytet. Efter installationen 1988 nöjde sig
företaget nu med en press i detta format. Flera tidningar som gått

i arkoffset hade flyttats över till rulloffset och arkoffset kom alltmer att fungera som komplement till rulloffset med tryckning av bilagor och omslag samt allmänt reklam- och informationstryck för tidskriftskunder och andra. Pressbytena på arkoffsetsidan var inte lika dramatiska ur ekonomisk synpunkt som de på rulloffsetsidan. Det var heller inte frågan om att öka antalet pressar utan mera om att höja kvalitet och produktivitet

Bra affärsläge för tidskriftsproduktion

Läget i Katrineholm visade sig bra när det gällde tidskriftsproduktion. Nästan alla redaktioner fanns i Stockholm med goda tågförbindelser. Det var bra när kunderna ville komma till tryckeriet för tryckgodkännande, studiebesök eller av annan anledning. Det var även lätt för företagets medarbetare att ta sig till kunderna.

Sedan man flyttat till Högmossen ordnade SGAB hämtning och avlämning vid järnvägsstationen genom företagets vaktmästare eller berörd kontaktman. Från 1972 erbjöds kunderna lunch samt för- och eftermiddagskaffe i företagets VIP-rum. Det var praktiskt ur flera synpunkter jämfört med att åka ut på stan. I VIP-rummet kunde också kunderna uppehålla sig när de väntade på att se tryck eller på återfärd. Redan från företagets start hade man, som tidigare nämnts, egen budservice på Stockholm genom samarbete med lediga brandmän på den närbelägna brandstationen. Senare satsade man, utöver budbilen som kördes med egen personal, på dagliga transporter till Stockholm med egen lastbil. När jag började 1982 hade man två eller tre lastbilar, varav minst en gick på Stockholm dagligen. Ibland kunde det vid behov bli frågan om extra turer. Budbilen avgick på morgonen och mötte en bil från Bromma Tryck i Gnesta, där brev och smågods utväxlades. Försändelser kunde även skickas med lastbilen när denna gick tillbaka på eftermiddagen.

Tidningarna skickades vanligen ut med posten. Man var lyckligt lottad genom att det fanns en terminal i Katrineholm där man kunde lämna relativt sent på dagen. Denna terminal drogs senare in och posten gick då ut via postens terminal i Norrköping. Tidningar som skulle ut till pressbyråerna och andra försäljningsställen levererades med lastbil till Presam i Stockholm.

Till att börja med sköttes försäljningen från Katrineholm men företaget hade tidigt säljkontor i Stockholm. Utöver det rena säljarbetet användes säljarna för olika typer av kundkontakter, inkl hämtning och lämning av material vid behov. Man lärde sig också att bästa sättet att intressera kunder för att anlita företaget var att göra ett gemensamt företagsbesök för att se tryckeriet och erhålla kunskap om befintliga och planerade resurser samt om hur företaget arbetade. I mitten av 1980-talet ordnade en av säljarna en enkel jullunch för sina kunder på sitt kontor och sedan anslöt sig övriga säljare och man växte snabbt ur kontoret. Efter några år blev julluncherna väl vidlyftiga på någon av Stockholms bättre restauranger och ersattes i början av 1990-talet med andra kundaktiviteter som även de var mycket uppskattade. Den första av dessa var en vernissage av en bok med teckningar som författaren Stig Claesson (Slas) gjort efter ett endagsbesök i Katrineholm. Vernissagen hölls på Stallmästargården i Stockholm och kunderna fick givetvis en bok. SGAB hade överlag nöjda eller mycket nöjda kunder och man vågade därför sammanföra dem utan att befara ogynnsam ryktesspridning.

Man skulle kunna förmoda att ett läge i Stockholm skulle vara att föredra. Så var dock inte fallet av olika orsaker. Ett allmänt högre kostnadsläge och en facklig avdelning som utövade en kostnadshöjande verksamhet genom den s k platskontrollen var några nackdelar. Platskontrollen innebar att den som funderade på att byta jobb skulle kontakta avdelningen för att få veta vilken lön som skulle begäras. Det lär även ha förekommit platsanvisning innebärande att facket bestämde vem som skulle erhålla ett ledigt jobb. Accepterades inte detta kunde man påräkna svårigheter med rekryteringen i fortsättningen. Denna typ av facklig verksamhet förekom inte i Katrineholm, där verkstadsföretag var de stora arbetsgivarna. På det hela taget får man säga att samarbetsklimatet var gott i Katrineholm och att de anställda och kommunen var måna om att understödja SGAB:s utveckling på orten. ABA var en bra ägare på flera sätt som i regel inte tog ut några vinster utan valde att låta pengarna arbeta i företaget.

Telefaxtekniken något av ett genombrott

På förpressidan gick utvecklingen snabbt hela tiden från början av 1970-talet. Affärsvärlden drev på utvecklingen genom att tidningen eftersträvade att vara så aktuell som möjligt vid utgivningen. När det i slutet av 1970-talet blev möjligt att överföra sidor elektroniskt via telenätet så anammade man detta även om överföringstiderna till att börja med var långa. Den första utrustningen var en Telecopier där det som skulle överföras fästes på en roterande trumma.

Golvstående telefax Infotec 6350 på redaktionen hos Röster i Radio. Faxen arbetade i format B4, d v s något större än A4. Detta gav bättre möjligheter till att göra korrekturändringar än ren A4.
Bild från SGAB årsredovisning 1985/86.

Överföringstiden för en A4 var 5-10 minuter med ganska dålig kvalitet. Efter ett tag kom sedan telefaxen. 1979 installerades en grupp3-fax för kommunikation mellan Katrineholm och Affärsvärldens redaktion. Det var den första grupp3-faxen i Sverige, något år innan standarden fastställdes för denna grupp. Det innebar att man måste ha samma faxtyp i båda ändarna av förbindelsen. Övriga kunder betjänades av en långsammare fax i grupp 2.

När Röster i Radio började produceras i november 1981 kunde man utväxla korrektur och manus via golvstående telefaxapparater i format B4, d v s något större än A4. De kostade 1982 ca 130 tkr/st och till detta kom toner och en årlig servicekostnad som inte var helt blygsam. Det var dock något av en revolution för ett landsortstryckeri att komma så nära tidningsredaktionen. Snart stod tre faxar intill varandra och allt flera tidningar utnyttjade den nya tekniken. Därmed minskades nackdelen med att ligga utanför Stockholm ytterligare. Det öppnade å andra sidan för tryckerier som låg sämre till geografiskt än SGAB att arbeta med tidningar.

Parallellt med telefaxteknikens införande blev det möjligt för de redaktioner som själva ville skriva in sina texter att överföra dem till SGAB via telelinje. I början var överföringarna långsamma och man fick hyra särskilda telelinjer. De fotosatta texterna kunde skickas tillbaka via fax för godkännande. Bilder skickades fortfarande separat som original eller dia liksom annonsfilmer. De fotosatta pappersoriginalen monterades manuellt på en sidmall och plats lämnades för senare inmontering av bilder och annonser. De monterade sidorna reprofotograferades och vid filmmonteringen lades sidorna ut som de skulle ligga på tryckarket och filmer med bilder och annonser tillfördes. Det var en omständlig och ganska långsam produktionsprocess med en uppsjö av felmöjligheter.

Sidombrytning i dator - början på en teknikrevolution

1975 var ett viktigt år på så sätt att SGAB då hade ett datasystem som gjorde det möjligt att korrigera i inlästa data för att kunna köra ut en korrekt och radplanerad spalt ur fotosättaren. Några år senare kunde man gå över till att skriva in texter på musikkassetter i stället för att gå via hålremsa. De fotosatta spalterna måste dock monteras manuellt på en sidmall för att sedan reprofotograferas och kompletteras med bilder. Nya fotosättare anskaffades i flera omgångar, både för att öka kapaciteten och kvalitén.

Med början 1984 kunde SGAB, kanske som det första företaget i Sverige, bygga upp kompletta textsidor i en dator. Det berodde på att man var en tidig kund till det amerikanska företaget Bedford som just hade lanserat ett system för ändamålet. Bedford var pionjär och systemet hade en rad barnsjukdomar och först i slutet av 1984 kunde SGAB gå i någorlunda reguljär produktion. De tekniska problemen ledde till ekonomiska problem för Bedford. Bolaget sökte skydd under Chapter 11 i den amerikanska konkurslagstiftningen. För att ändå få uppdateringar och ytterligare utrustning åkte tre man från SGAB över till USA i december 1985, dock utan större framgång. Under 1986 kunde man dock återuppta samarbetet och systemet fungerade efter uppgraderingar allt bättre under resten av 1980-talet. Maskinvaran var specifik och måste köpas av Bedford. Till att börja med hanterade systemet bara svartvita sidor men man kompletterade med färg och möjlighet att lägga in färgbilder. SGAB köpte sin första svart-vita bildscanner 1985 och skaffade senare 4-färgsscanner både för flatbädd och trumma.

I slutet av 1980-talet började en del tidskriftsredaktioner satsa på egen sidframställning i desktopmiljö. Man använde programmen Pagemaker och Ventura, vilka dock inte var tillräckligt välutvecklade utan snart fick vika sig för Quark Xpress. Quark kördes från början på Apple McIntosh-datorer, vilka snart kom att bli branschstandard för text- och sidproduktion på det grafiska området. QuarkXpress kunde även köras på PC-datorer från 1992.

Ett växande antal kunder skaffade egna system och ville leverera färdigombrutna sidor över nätet. SGAB ställde upp på detta och utvecklade datakommunikationen för att hantera de ökande datavolymerna. Överföringshastigheten var fortfarande låg med dagens mått men fungerade. Företaget scannade och lade in 4-färgsbilder eller svart-vita bilder i de av kunderna producerade sidorna. Sidorna kördes sedan i en fotosättare efter att först ha gått genom en postscript-rip.

SGAB köpte nya fotosättare allt efter som nya och snabbare kom på marknaden och i slutet av 1994 kunde man köra ut kakor om fyra sidor i 4-färg på film, vilket betydligt underlättade repromonteringen samtidigt som man fick bättre passning mellan färgerna. I slutet av 1997 kunde man köra ut filmer med åtta A4-sidor i 4-färg. Det innebar att man kunde kopiera till tryckplåtar för de 16-sidiga Rotomanpressarna utan egentlig repromontering. Tekniken kallades för Computer-to-Film (CTF) och var ett alternativ till exponering direkt till tryckplåtarna (Computer-to-Plate eller CTP).

SGAB hade hög datakompetens i sätteriet genom Bertil Sääv, som anställdes redan 1971, och hans ingenjörskollega Ulrik Ledberg som kom in en bit in på 1980-talet. SGAB visade stor investeringsvilja på området eftersom den hela tiden växande tidskriftsproduktionen måste understödjas med utbyggnad av förpresskapaciteten. SGAB hade ju valt att i möjligaste mån ha hela produktionskedjan under eget tak.

Reproavdelningen

SGAB hade länge begränsad kapacitet när det gällde reprotjänster. Man saknade egen scannerkapacitet och måste köpa filmmontering i ganska stor skala. Problemen med detta blev allt mer påtagliga i takt med att produktionsvolymen växte och tidsmarginalerna krympte. Det fanns betydande olägenheter med att i större skala köpa extern filmmontering eller undantagsvis färdiga tryckplåtar. Felaktig montering av filmer, som upptäcktes i tryckeriet, måste rättas antingen av SGAB:s egen personal eller gå tillbaka till det externa företaget. Den extra hanteringen med transporter innebar också risk för att skador eller misspass skulle uppkomma. Det var heller inte alltid möjligt att prioritera om arbetet som önskvärt om man inte hade det i eget hus.

Den ökande skiftgången i tryckeriet gjorde det också alltmer önskvärt att ha huvuddelen av repron under eget tak. Reproavdelningen byggdes därför ut personalmässigt men brist på utbildad och erfaren personal skapade problem både vad gällde kvalitet och produktivitet.

SGAB anlitade under ett par år och på egen bekostnad en duktig konsult som lärare och instruktör på avdelningen, vilket förbättrade läget avsevärt. Medarbetare från företaget åkte ett par gånger till den grafiska mässan IPEX i Birmingham liksom Imprinta i Düsseldorf med tanke på kommande investeringar. Det innebar att man kom i kontakt med den modernaste utvecklingen och kunde köpa utrustning som placerade företaget i framkant bland svenska tryckerier.

Som ovan framgår av utvecklingen i sätteriet kom belastningen på filmmonteringen att minska efter hand. Den förbättrade effektiviteten kompenserades dock länge av ökande volymer av tryckplåtar, vilket höll personalbehovet ganska konstant.

Bokbinderi och distribution

Trycket på bokbinderiet ökade givetvis efter hand som presskapaciteten och tryckeriproduktionen ökade. Till att börja med kunde man möta de växande anspråken med ökad skiftgång i befintlig maskinpark. I nästa steg kom utbyte av äldre maskiner mot nya med bättre produktivitet och även kvalitet. Renoveringar och komplettering med flera iläggare på klammerhäftmaskiner och limbindare var också en utväg. Ökande antal bilagor i tidskrifterna, både lösa och inklistrade skärpte också kraven på utrustningen.

Det växande antalet tidskrifter, en del med stora upplagor, ökade kraven på adresseringskapacitet. Printade etiketter fungerade för mindre och medelstora upplagor men sedan SGAB 1985 installerat en linje för inkjetadressering tog denna teknik snabbt över för större upplagor. I detta fall lämnade kunderna adressunderlaget på magnetband. Krav på styckevis inplastning av produkter med eller utan lösa bilagor tillkom och en maskin för detta togs i drift i september 1990.

En tillbyggnad gjordes 1981 för utlastningen så att bilar kunde lastas inomhus. Packningen i kartonger rationaliserades några år senare genom en särskild kartongförslutningslinje i nära anslutning till utlastningen. Där fanns även plats för det tynande handarbete som fortfarande förekom inom bokbinderi och distribution.

I november 1987 blev en stor och betydelsefull investering klar genom utbyggnad med en ny bokbinderihall på 1900 kvm. Hallen var avsedd i första hand för en ny stor limbindningslinje av typ Normbinder från Müller-Martini, vilken ersatte en äldre maskin av samma typ. Dessutom flyttades en ganska ny limbindningsmaskin av typen Starbinder för att skapa förutsättningar för en ny layout i den äldre bokbinderihallen. Samtidigt byggdes en ny personalmatsal, omklädningsrum för damer och ett mindre kontor som till att börja med tilldelades personalavdelningen. Investeringen i en ny och större limbindningslinje behövdes för att möta den ökade produktionen av limbundna produkter.

Tillbyggnaden 1987 gav plats för två stora limbindningslinjer försedda med stångiläggare, bilagestationer och palletterare. Bilden från SGAB årsredovisning 1986/87.

Efter denna sista utbyggnad, som var etapp 7, disponerade företaget en total golvyta av 16.000 kvm. All tung verksamhet låg i bottenplanet

Investeringarna löper vidare

Utöver de här nämnda större investeringarna genomfördes mindre investeringar och förbättringar i produktionen hela tiden i högt tempo. Även ombyggnationer av lokalerna genomfördes för att anpassa dem till en ökad verksamhet och för att få ett rationellt flöde. Det innebar även ombyggnader på kontorssidan, en modernare telefonväxel och bärbara telefoner för bättre tillgänglighet och kundservice även utanför kontorstid. Verksamheten orienterades mot allt mera skiftgång på alla avdelningar för förbättrat resursutnyttjande och snabbare och säkrare genomlopp i produktionen. Korta produktionstider var ett viktigt konkurrensmedel på tidskriftssidan.

Traditionellt hade tryckeribiträden tagit emot de tryckta arken från rulloffsetpressarna för hand och stött buntarna och lagt dem snyggt på pall. Det blev allt svårare att hinna med vid ökad presshastighet och var inte heller vidare ergonomiskt. Motsvarande gällde vid matning av klammerhäftning och limbindning i bokbinderiet. Naturligtvis såg maskinleverantörerna detta och man konstruerade en stacker som staplade de nytryckta arken i rullpressarna på varandra. När stapeln var full fördes den åt sidan och trycktes ihop till en längd av 80 cm och låstes med buntband. Bunten var tung så man använde en liten kran med klämaggregat för att lägga den på pall. I bokbinderiet använde man stångiläggare där buntarna med hjälp av en lyftanordning placerades på en bana med automatisk frammatning.

Ett problem som visade sig i bokbinderiet var att buntarna från de olika tryckarken tog slut vid olika tidpunkt. Hade man producerat full upplaga så var problemet inte lika stort som när det fattades ark i någon iläggare. Beroende på omständigheterna kunde det bli nödvändigt att trycka till av en eller flera arkdelar, vilket skapade problem av flera olika slag liksom naturligtvis kostnader. Detta var särskilt påtagligt när man måste tömma bokbinderimaskinen i avvaktan på tilltryckning och ta in jobbet på nytt i maskinen med ny inställningstid och inkörningsmakulatur. Vid några tillfällen hände att truckförarna trodde att de uttagna arken var överblivna och körde iväg dem som makulatur.

Efter tillbyggnaden av limbindningshallen 1987 längst bort till höger i bilden var anläggningen färdigbyggd. Rullportarna med vädertätning till vänster i bilden leder in till papperslagret som stod klart 1985. Bild från SGAB årsredovisning 1993.

Del 4
Sverigeledande inom tidskrifter

Lönsamhet genom kvalitet och produktivitet

SGAB hade under 1980-talet gått till positionen som Sveriges största rulloffsettryckeri utanför dagstidningssektorn. Man hade gjort det genom en konsekvent prioritering av tidskriftskunder. Företaget låg långt framme inte bara inom tryckning, där man hade en modern och kraftfull presspark, utan lika mycket inom förpress (sätteri och repro) och efterpress (bokbinderi och distribution). En styrkefaktor, som inte var lika uppenbar, var hela upplägget där man eftersträvade en nära och personlig kontakt med kunderna för att förstå deras behov och därigenom kunna anpassa sin service till dem.

Företagets sätt att arbeta innebar att alla kunder, även de mindre, fick fördel av den utveckling som drevs fram för att möta de stora kundernas behov.

SGAB arbetade inte i skydd av några patent eller med unika produkter. Tvärtom, man använde gängse teknik i branschen och de maskiner man använde fanns att köpa för alla konkurrenter. Genom tillväxten och satsningen på snabbare och mer produktiva pressar kom företaget att mer än tidigare utsättas för utlandskonkurrens även om man inte själv hade nämnvärd export. Det fanns dock möjligheter att på olika vägar öka effektiviteten i företaget och 1990-talet kom att präglas av arbete på detta område.

Administrationen stärks

SGAB hade genom åren byggt upp en stark grafisk och teknisk kompetens inom det grafiska området. Ingvar Persson noterade att jag, som då var ekonomichef, var den enda med högskoleutbildning när han kom till företaget. Själv var han civilingenjör och tyckte att

48

SGAB borde satsa på att få in fler högskoleutbildade när tillfälle gavs. Första tillfälle blev då administrationen hösten 1989 förstärktes med Björn Gustafsson som controller inom ekonomiavdelningen. Samtidigt anställdes Anders Magnusson som chef för personalavdelningen, vilken i samband därmed bröts ut ur ekonomiavdelningen. Denna förstärkning var behövlig eftersom SGAB självt hade en personal på 400 årsanställda och dessutom fick ta en del ansvar i den koncern som bildats genom samgåendet med TIBA och Interprint.

Marknadssidan stärktes genom att Claes-Göran Stark, som 1982 började i SGAB som säljare, utsågs till chef för Stockholmskontoret och ganska snart till marknadschef.

Ledningsgrupp

Wirström arbetade under sin långa tid som VD utan någon formaliserad ledningsgrupp med regelbundna ledningsgruppsmöten. I stället kallades till möten vid behov och deltagarna varierade beroende på vilken fråga som skulle behandlas. Några regelbundna möten förekom dock. Ett sådant möte var postöppningen varje morgon med offertkalkylatorer och några ytterligare personer, bl a ekonomichefen. De närvarande förväntades rapportera viktigare telefonsamtal eller inkomna fax som komplement till brevöppningen. Naturligtvis kunde även kundrelaterade ekonomifrågor komma upp.

Förmiddags- och eftermiddagskaffet i VIP-rummet var ofta platsen för informella diskussioner inom ledningen. Wirström var alltid närvarande om han var hemma på företaget.

Under Ingvar Perssons VD-tid upphörde postöppningen i den form Wirström tillämpat den. Däremot infördes regelbundna ledningsgruppsmöten med en fast ledningsgrupp. Även Hans Carlsson arbetade med en fast ledningsgrupp under den korta tid han verkade från Katrineholm.

När jag själv blev VD 1991 minskade jag ned ledningsgruppen och gick över till veckovisa möten. Gruppen blev på detta sätt mera operativ. Fasta deltagare var ekonomi- och personalcheferna samt produktions- och marknadscheferna. Andra befattningshavare, bland andra tekniska chefen, kallades in vid behov. Protokollet fördes av VD:s sekreterare och gavs viss spridning i organisationen sedan det rensats från konfidentiellt eller känsligt innehåll.

Pappersmakulatur och Autocount

SGAB hade sedan mitten av 1980-talet haft uppmärksamheten riktad på pappersmakulaturen i rullpressarna och även infört ett bonussystem för att stimulera personalen att spara. Utfallet var dock rätt klent. När en inbjudan från brittiska PIRA om en konferens i Amsterdam om bl a pappersbesparing dök upp var vi inte sena att anmäla två man. Det blev jag själv, då ekonomichef, och vår controller Björn Gustafsson som reste i mars 1991. Björn hade som en av sina huvuduppgifter att arbeta med SGAB:s egen pappersbesparing.

Vi såg med förväntan fram mot ett föredrag av Roy Dickeson betitlat "War on Waste". Han redogjorde för sitt arbete med pappersbesparing i ett amerikanskt tryckeri där han använt en produkt som kallades Autocount. De hade nått betydande resultat med hjälp av denna utrustning och vi blev naturligtvis intresserade och talade med Dickeson efter föredraget. Autocounten byggde på att man löpande vägde pressmakulaturen och beräknade producerad nettoupplaga genom att minska antalet tryckta ark med den mängd som gått i makulaturbingen. Det gjorde att man även vid betydande störningar under en körning kunde hålla koll på nettoupplagan. Dessutom fick man ut en journal som ingående dokumenterade intagningstid och startmakulatur för ett jobb, tryckhastighet, störningar samt brutto- och nettoupplaga.

Efter en något utdragen testperiod, där vi var nära att ge upp, installerades Autocount på alla rullpressar. Det medförde att problemet med underupplagor i bokbinderiet och krav på tilltryckning av arkdelar praktiskt taget försvann. Vid varje press installerades en dator med bildskärm så att besättningarna kunde följa vad som hände i den egna pressen. Datorn kopplades dessutom upp mot en central dator för att i realtid tillhandahålla information till berörda instanser i företaget om vad som trycktes i varje rullpress. Det innebar en drastisk förbättring av informationstillgången kring pågående produktion i tryckeriet och underlättade för andra avdelningar att anpassa sin verksamhet.

Dickeson var mycket intresserad av Autocounterna och drev ett statistikprojekt där ett antal tryckerier månatligen lämnade utfall från sina pressar. Vilka som deltog uppgavs inte men de flesta deltagande företagen var amerikanska. Från Europa deltog troligen bara vi och ett österrikiskt tryckeri. Antagligen var försäljningen av systemet svag i Europa vilket är förvånande.

Bonussystemet för pappersbesparing omfattade även arkoffset. Installation av dysbefuktning i arktryckeriet gjordes för att minska problemen med statisk elektricitet vid torr väderlek. Det visade sig vara mycket gynnsamt även för rullpressarna och föranledde installation i hela tryckeriet liksom i limbindningshallen.

Pressad ekonomi

Den grafiska branschen hade liksom hela den svenska ekonomin legat under press en längre tid. Även SGAB kände av läget även om man klarade sig undan direkta förluster. Situationen medförde att man i augusti 1992 kunde enas med personalen i tryckeriet om att minska bemanningen i rulloffsetpressarna till fyra man. Det hade legat i luften länge efter alla investeringar som gjorts i pressarna. Personalneddragningar, i allmänhet beroende på den tekniska utvecklingen, gjordes även på andra avdelningar inom företaget.

I oktober 1992 åkte jag själv, då VD, ekonomichefen Björn Gustafsson och tekniska chefen Joachim Schaedla på en veckolång studieresa till Tyskland. Bakgrunden var tudelad. Dels ville vi göra en allmän benchmarking för att se var vi stod ifråga om effektivitet i tryckeriet, dels ville vi undersöka om det låg något i de utbredda påståendena om att bl a tyska tryckerier dumpade priserna på den svenska trycksaksmarknaden. Vår slutsats blev att det inte var några större skillnader i arbetssätt och effektivitet och att någon aggressiv priskonkurrens inte var för handen från tyska tryckerier. När det gällde priskonkurrens upplevdes däremot att finska tryckerier hade stöd från de finska pappersbruken, något som aldrig blev ordentligt klarlagt.

Liksom flera gånger tidigare löstes problemet genom att kronan släpptes fri och därmed devalverades betydligt. Det hände den 19 november 1992, alltså ganska snart efter vår resa.

Planeringskontorets roll

SGAB inrättade ett särskilt planeringskontor 1972 och skaffade då en planeringstavla för tryckpressarna där planeringen lades in med hjälp av flyttbara magneter och små skyltar för textinformation. När verksamheten växte utvidgades tavlan till att täcka 12 månader rullande och planeraren fick också en medhjälpare. Planeringskontoret skötte inte bara tavlan utan svarade också för upprättande av tidsplaner för varje tryckuppdrag eller tidskriftsnummer med datum (och ev även klockslag) för lämning av material, korrekturgång, tryckstart, bokbinderistart, leverans etc. Planeringen utgick i huvudsak från tryckpressarna och det var tryckeribeläggningen som visades med magneterna.

Planeringskontoret var i mångt och mycket företagets hjärta och det mesta av produktionsstyrningen skedde därifrån. Man hade dagliga morgonmöten med avdelningscheferna i produktionen för genomgång av dagens planerade tryckeriproduktion och för uppkollning av att material fanns framme som planerat. Man gick också igenom problem av olika slag och beslutade om omkastningar när så var nödvändigt och möjligt. Vid behov kunde man naturligtvis kalla till extra möten, särskilt vid oväntade störningar i produktion eller lämning.

Självfallet jobbade planeringen inte enbart med den aktuella dagen utan måste ha blicken riktad framåt så att planeringen var realistisk. Ändringar i förutsättningarna skedde hela tiden och måste beaktas eller pareras. Samspel förekom hela tiden med försäljningsorganisationen i syfte att undvika arbetsbrist i tryckeriet eller undvika att man tog åt sig uppdrag som man saknade kapacitet för. Det låg även på planeringen att svara för utläggning av uppdrag på andra tryckerier. Reproavdelningen svarade själv för erforderlig utläggning. Bokbinderi- och distributionsuppdrag lades sällan ut utan man klarade det mesta själv.

Arbetet inom planeringskontoret utvecklades naturligtvis efter hand liksom arbetet med tidsplanerna. Kraven på planeringen skärptes efter hand genom ökad skiftgång. På 1990-talet blev det en ökande andel 3-skift i tryckeriet som ibland fick förstärkas med lördagsövertid. Det drog med sig utökad verksamhet på andra avdelningar, bl a fanns ett starkt behov av att kunna leverera nya tryckplåtar under hela den tid tryckeriet arbetade. Autocounterna och det till dem kopplade CIM-systemet innebar som nämnts en smärre revolution i produktionsstyrningen från omkring 1993 eftersom alla avdelningar inkl planeringskontoret i realtid kunde följa arbetet i tryckeriet och anpassa sig till det. I nästa steg utvecklades ett datoriserat system för hantering av produktionsplanerna per uppdrag alt tidskriftsnummer så att man inte delgav kunderna den interna planeringen inom SGAB utan höll sig till de tider och uppgifter som var relevanta för kunden.

Planeringstavlan täckte 12 månader rullande och upptog en hel vägg på planeringskontoret. Dagliga morgonmöten hölls alla arbetsdagar för genomgång med avdelningscheferna av att den planerade produktionen kunde genomföras. Kurt Filppu (bilden) var planeringschef innan han 1992 blev produktionschef.

Omläggningen till en flödesorienterad organisation i bokbinderi/distribution en bit in på 1990-talet innebar att man i planeringen utgick från denna avdelning och sökte anpassa tryckeriets planering så att man tryckte på sådant som skulle levereras inom

53

kort. Ambitionen var att undvika att tryckt material behövde mellanlagras före vidarebearbetning i efteravdelningarna.

En förändring av produktionsledningens arbetssätt genomfördes också. Den innebar att produktionschefen ledde verksamheten från en plats nära planeringskontoret och även hade det övergripande ansvaret för beslut i planeringsfrågor. Om man vill kan man säga att planeringskontoret arbetade som en operativ stab till produktionschefen.

Ekonomistyrning

Ekonomistyrningen i SGAB var ganska outvecklad i början av 1980-talet. Kraften hade använts för att utveckla produktion och försäljning och till expansiva investeringar. Det fanns återrapportering i form av dagliga rapporter från produktionsavdelningarna, vilka senare kunde förbättras och läggas till grund för en ordentlig ekonomisk uppföljning. Under 1982 förbättrades månadsrapporteringen och månadsboksluten men bristande datorkapacitet lade hinder i vägen för en mera kraftfull utveckling.

Hösten 1983 installerade SGAB en minidator från Data General. Samtidigt installerades ett order- och produktionsstyrningssystem (LOOP) som utvecklats av Liber Grafiska under min tid där. Systemet kompletterades och modifierades för att passa SGAB och användes under många år. Systemet levererade bl a produktionsstatistik, efterkalkyler per order eller tidskriftsnummer samt värde på papperslagret och pågående arbeten vid varje månadsskifte. Därmed kunde också fullständiga och tillförlitliga månadsbokslut presenteras.

SGAB hade i slutet av 1970-talet försökt ta hjälp av datorer för offertkalkyleringen. Man anlitade ett konsultföretag men man var inte nöjd med resultatet och använde inte systemet utan fortsatte med papper, penna och räknemaskin. Under 1990, då behovet av datorhjälp gjort sig gällande på allvar, gjordes en ny satsning med bättre resultat. Systemet utvecklades för PC-datorer i Excel och var helt anpassat till den kalkylfilosofi man sedan länge med framgång tillämpat. Systemet togs i bruk vid årsskiftet 1990/91 och förfinades efter hand. Det var uppbyggt så att man kunde förändra kalkylvärden allt eftersom man vunnit säkrare underlag.

Systemet byggde på inmatade värden för material av olika slag och timkostnader på olika kostnadsställen. Även maskinhastigheter fanns inmatade och korrigerades efter vunna erfarenheter. Dessutom kunde externa kostnader läggas till. Prisanpassning gjordes endast på kalkylerad timkostnad, ej på material eller externa kostnader. Procenttalet för prisanpassning gav en direkt indikation på den kalkylerade produktens förväntade lönsamhet. Kalkylsystemet ledde till en större samstämmighet mellan kalkyler gjorda av olika kalkylatorer och gav en möjlighet till avstämning med försäljningspersonalen och andra berörda inom företaget. Generellt ledde kalkylsystemet till att man styrde mot produkter med god lönsamhet men det fanns självfallet annat att ta hänsyn till, främst den aktuella beläggningssituationen och konkurrenssituationen för olika produkter.

Bonniertidningar

Bonniers kom in som delägare i SGAB i samband med att SGAB gick ihop i en koncern med Interprint 1989. Bonniers eget tryckeri Å&Å-Tryck hade året innan gått samman med Esselte Rotogravyr och bildat Interprint som beslutat att bygga ett nytt tryckeri i Kungens Kurva.

SGAB hade redan uppdrag att trycka tidningen Sköna Hem för Bonniers sedan några år. Bakom detta låg att tidningens redaktör inte var nöjd med samarbetet med det egna tryckeriet. För SGAB var det en krävande produkt väl i klass med Scanorama. Lyckades man, vilket man gjorde, så var det en viktig referensprodukt i säljarbetet.

Enligt vad jag senare hörde i andra hand hade Bonniers lovat att behålla sin beställningsvolym hos Interprint i fem år. Nu hade man problem på Interprint redan från början och några Bonniertidningar gick över till SGAB efter hand. När man efter några år lade ner offsettrycket i Kungens Kurva fick SGAB möjlighet att ta emot ett betydande tillskott. Ett problem visade sig dock ganska snart, nämligen prisbilden.

Bonniers hade valt att lägga ansvaret för upphandling och teknisk produktion av sina tidningar och tidskrifter på kontoret i Köpenhamn. SGAB hamnade då i internationell konkurrens med pressade priser som en naturlig konsekvens. När vi hade efterkalkylerna framme uppkom frågan om man skulle jobba vidare med kunden eller inte. Vi valde att göra ett allvarligt försök men insåg att vi måste vässa klorna en hel del. Det visade sig att kundens kontaktman på produktionssidan var mycket kompetent och samarbetsinriktad och tillsammans med honom utvecklade vi produktionsupplägget under ett antal år. I takt med att vi blev mer effektiva på grund av samarbetet och andra egna insatser förbättrades lönsamheten till en acceptabel nivå och Bonniers var under hela min VD-tid en stor och viktig kund. Som en biprodukt förbättrades även efterkalkylerna för andra kunder.

Octoman – ny 8-sidig rulloffsetpress

Zirkonpressarna tjänade SGAB väl under 1970-talet men under 1980-talet hade man gått in för att efter hand ersätta dem med motsvarande pressar (OP8) av svensk tillverkning, vilka höll en bättre maskinkvalitet. Våren 1992 installerades en betydligt modernare maskin, nämligen en mycket välutrustad Octoman från MAN-Roland. Maskinen hade fyra tryckverk och var utrustad med plåtscanner, vilken även kunde användas för den senast anskaffade Rotomanpressen. Tryckhastigheten var 50.000 tryck/tim och den ersatte de två kvarvarande OP8-pressarna. Därmed frigjordes också ett utrymme i bokbinderiet där en av OP8-pressarna haft sin plats.

Studie av störningar i rulloffset

I början av 1993 startades ett projekt gällande störningar vid rulloffsettryckning i samarbete med Grafiska Forskningslaboratoriet och Kungliga Tekniska Högskolan i Stockholm (KTH). Arbetet skulle utföras av Ulf Andersson, färsk civilingenjör från KTH, i egenskap av stipendiat. Valet av företag var väl ingen slump, Sörmlands Grafiska hade avancerat till platsen som det ledande rulloffsettryckeriet i Sverige.

Grunden i projektet var mätningar av olika slag i syfte att finna störningsorsaker och störningsmönster. Här kom Autocounterna till god hjälp. De gav möjlighet att logga det mesta av det som hände i pressarna. Loggningen kompletterades med enkla datorer vid rullställen så att man fick möjlighet att analysera skillnader mellan olika papperssorter och pappersbruk. Senare utvidgades detta så att Sörmlands Grafiska skickade rullstatistik till de större pappersleverantörerna, något som såvitt bekant inte gjordes på något annat rulloffsettryckeri i Europa. Däremot gjordes det mera regelmässigt på djuptrycksidan.

Studier gjordes även av hur tryckfärgen uppförde sig i pressen. Bland annat studerades vad som hände med tryckfärg och fuktvatten vid längre körningar i hög fart då temperaturförhållandena ändrades. Dessutom mättes färgförbrukningen online för att möjliggöra en utvärdering av hur olika färgtunga tryck uppförde sig i pressen och på olika papper

Efter projektets slut anställdes Ulf Andersson för fortsatt arbete inom det område han påbörjat men också för andra datorbaserade uppgifter av utvecklingskaraktär. Mycket av det som iakttogs under projektet ledde till olika insatser för bättre drift och kvalitet. Som exempel kan nämnas arksaxar före första och efter sista tryckverket för att undvika alltför kraftiga upprullningar vid banbrott, automatisk duktvätt under gång och kylvalstvätt under gång för att undvika smutsning vid färgtunga tryck.

Kvalitetsarbetet

Arbete på att säkerställa eller förbättra kvaliteten i företagets produkter har naturligtvis pågått lika länge som företaget funnits. I mitten av 1980-talet avdelades en medarbetare för att på heltid arbeta med kvalitetsfrågorna. Mycket kom att handla om reklamationshantering och arbete på att förbättra rutiner och arbetssätt utifrån upptäckta felaktigheter eller problem. Detta gällde även sedan en andra medarbetare tillkommit.

En sak som lyfte kvalitetsarbetet var introduktionen av begreppet Ständiga förbättringar, vilket accepterades av all personal över hela företaget. Man jobbade med kvalitetsfrågor över hela företaget och förslagsverksamheten vitaliserades och handlade mycket om förbättringsåtgärder. Den nya kvalitetschefen med bakgrund i tryckeriet lade sin själ i arbetet på punktförstoringen i tryckpressarna. Förstoringen är en del av offsettekniken men det gäller att man på ett korrekt sätt tar hänsyn till den när man producerar underlaget för tryckningen. Reklamationshanteringen blev ofta utgångspunkt för kundutbildning.

Kvalitetsarbetet kom mer och mer att inriktas på att få fram så korrekta tryckplåtar som möjligt. Statistiken över antalet till tryckeriet levererade plåtar utvecklades och uppföljningen av orsakerna till plåtreturer intensifierades. Arbetet var framgångsrikt och i slutet av min tid i företaget låg felprocenten på något mellan 1 och 2 procent. Detta innebar en avsevärd effektivitetsvinst eftersom fel i tryckplåtarna inte upptäcks förrän efter en stunds körning i pressen med förbrukning av papper och efterföljande stillestånd för uttag av plåtar, ev även för väntan på omgörning av felaktiga plåtar.

När det gällde att få ned antalet felaktiga tryckplåtar spelade ett bättre utnyttjande av blåkopior och färgprovtryck en avgörande roll. Blåkopior hade gjorts i många år och godkändes i allmänhet av kunden före tryckstart. Blåkopian motsvarade den svarta tryckplåten och tryckarna hade den att tillgå liksom lösa provtryck av ev färgbilder. Färgprovtrycket fungerade som blåkopian men återgav trycket som det skulle se ut med alla färgerna. Vid mera krävande produkter kunde lösa färgprovtryck, som var godkända av kunden, också finnas till hands vid pressen.

Redan 1991 startades ett projekt för att genom systematiskt kvalitetsarbete förbättra användningen av blåkopior och färgprovtryck. Det hade nämligen visat sig att det var utbrett både hos kunder och hos SGAB:s egna handläggare att vänta med de sista rättelserna tills man hade blåkopian eller färgprovtrycket framme. Ibland var rättelserna otydliga eller rentav omfattande och det var då lätt att det uppstod nya fel när man försökte åtgärda anmärkningarna. Att projektet blev framgångsrikt berodde på att man lyckades förmå såväl kunder som handläggare att tidigarelägga noggrannna kontroller av det som skulle tryckas.

Kvalitetsbegreppet handlade länge om produktkvalitet och leveranssäkerhet. Det är självfallet grundläggande men vi flyttade successivt intresset mot processkvalitet. Det handlade mera om att ha en säker och välsmord produktionsgång som automatiskt ledde till en hög produktkvalitet utan att man behövde tillgripa avsyning av den färdiga produkten i någon större omfattning. I ett första skede gällde det att noggrant studera produktionsprocessen för att se var man hade problem eller svagheter. I ett andra skede gällde det att åtgärda det som observerats, vilket ofta innebar förbättrat underhåll eller investeringar i ny utrustning i maskinparken. Exempel på detta finns i föregående avsnitt om produktionsstörningar i rulloffset.

Kvalitetsarbetet skedde på bred front och var inte begränsat till den fysiska produktionsprocessen. Man kan säga att det började redan i marknadsarbetet där det gällde att inte åta sig uppdrag där SGAB inte hade rätt utrustning, kunnande eller tillräcklig erfarenhet. Sedan gällde det att ge produktionen korrekta underlag och instruktioner, vilket förutsatte enhetliga rutiner och blanketter. Det sista steget, distributionen, hade efter hand blivit allt mer komplicerat genom nya kundönskemål. För att hantera detta inrättades en särskild funktion inom bokbinderiavdelningen för att ta emot adressmaterial och bilagor och tillse att de kom in i produktionen på rätt sätt.

Man kan säga att kvalitetsarbetet med tiden ledde till en ökad specialisering, en målmedveten strävan att få in produkter som passade i företagets produktionsapparat och allmänna kunnande. Genom att så långt möjligt hålla sig till dessa produkter blev man också mycket produktiv och konkurrenskraftig på den typen av produkter.

Omvärlden allt mer internationell

SGAB hade allt ifrån starten varit ett renodlat hemmamarknadsföretag. Man hade inte haft någon försäljning av betydelse till utländska kunder och man hade inte aktivt arbetat på utlandet, möjligen med undantag för någon lam insats i Norge. Företagets ringa storlek och produktinriktning gjorde länge att man inte var utsatt för utländsk konkurrens. Det var nog främst ifråga om Scanorama och deras japanproducerade annonser som man såg de höga krav som ställdes på den internationella annonsmarknaden.

För att behålla SAS som kund måste man leva upp till de krav som ställdes. Med tanke på ägarsambandet via ABA hade man inget annat val än att anta utmaningen. Kvalitetsansträngningarna gällande Scanorama skapade en del internationella kontakter som naturligtvis spillde över på den övriga produktionen och bidrog till att höja kvalitetsnivån.

Maskinerna som användes inom tryckerier och bokbinderier var i huvudsak av tysk eller schweizisk tillverkning. När den nya fotosättningstekniken kom in i bilden under 1970-talet handlade det mycket om amerikansk utrustning. Försäljningen sköttes dock av svenska företag och gav få internationella kontakter för SGAB.

Runt 1980 hade SGAB nått en sådan storlek och hade ökat den egna tekniska kompetensen så att det blev naturligt med egna direktkontakter med utländska leverantörer. Besöken på mässor inom och utom landet ökade och breddades, om än i ganska långsam takt. Några år in på 1980-talet hade produktionskapaciteten vuxit innebärande att man började konkurrera om något större uppdrag och mötte då en del utländsk konkurrens, framför allt från Holland. Aktiv konkurrens kom också från finska företag, främst på medelstora uppdrag där inte tidsfaktorn var alltför avgörande.

Omkring 1990 hade som tidigare nämnts den utländska konkurrensen blivit besvärande för svenska tryckerier även om SGAB inte tillhörde de värst drabbade. Besöket på PIRA-konferensen i Amsterdam våren 1991 blev på sätt och vis en ögonöppnare för möjligheterna med datorstöd i produktionen. Studieresan till Tyskland på hösten samma år tog död på ryktena om att tyska tryckerier dumpade priserna i Sverige. Det var vi själva som måste bli bättre. Det stimulerade oss på SGAB att studera omvärlden noggrannare och resulterade i flera studie- och mässresor. Ett par resor gick till Japan och USA med syfte att se var vi stod i en internationell jämförelse. Det kändes som om vi höll en god klass.

Vi kunde också se att vår styrka låg på tidskriftsproduktion, speciellt när det var höga tidskrav och efterföljande distribution. När det gällde mer eller mindre rena tryckuppdrag hade inte SGAB något egentligt försteg gentemot andra tryckerier utan det kom ofta att handla om ren och skär priskonkurrens. Det gjorde att bolaget då hamnade i konkurrens med tryckerier i Finland, Danmark, Tyskland, Holland och England men även någon gång Frankrike och Polen. Vi höll utlandskonkurrensen stången rätt väl men det innebar en pressad prisbild.

Ett rejält grepp på bokbinderi/distribution

Tankar hade funnits ganska lång tid på att bygga ihop flera maskiner så att man kunde klammerhäfta, klistra in och/eller sticka in bilagor, adressera och plasta in om så begärdes samt slutligen lägga tidningarna i postens vagnar för omedelbar transport till terminalen i Norrköping.

Under hösten 1992 hade logistikkonsulten Arrigo arbetat med att studera flödet i bokbinderiet. Det var nödvändigt att göra något eftersom avdelningen började närma sig gränsen för hur många ton papper man kunde få igenom. Rapporten som lämnades i januari 1993 var mycket värdefull för förståelsen av logistikens betydelse i produktionen. Under hösten samma år beslöt styrelsen att genomföra en flödesorientering i bokbinderiet. Projektet handlade inte bara om att flytta runt befintlig utrustning utan det ingick även nyinvesteringar. Naturligtvis var de nya maskinerna snabbare och mera produktiva än de gamla som byttes ut.

Inför omläggningen bildades projektgrupper i bokbinderi och distribution som i detalj planerade för nya maskinuppställningar och hur man i fortsättningen skulle arbeta inom avdelningen.

Omläggningen i bokbinderi och distribution gick smidigt och blev lyckad. Att företaget vågade satsningen berodde till stor del på att man genom idogt kvalitetsarbete på olika håll uppnått en avsevärd säkerhet i produktionen. Vad som hände i stor omfattning var att limpor från rullpressarnas stackrar matades in i klamrarna via stångiläggare, bilagor lades in eller klistrades in, tidningarna adresserades och plastades in i buntar på postnummer enligt postens anvisningar. I stort sett gjordes ingen visuell kontroll av producerade exemplar. Och faktiskt fungerade det väl.

Efter flödesprojektets genomförande kunde genomflödet i bokbinderi/distribution ökas från 18-20.000 ton uttaget papper till ca 30.000 ton per år. Ett ganska dramatiskt exempel på den interna logistikens betydelse.

Snabb arkoffsetpress för tidningsomslag

Många tidningar och tidskrifter har velat ha ett mera exklusivt omslag och då har laminering varit metoden att åstadkomma detta. Laminering innebär att en tunn plastfolie appliceras på omslagets utsida. Arbetet har utförts av externa företag som specialiserat sig på uppgiften. Det har utöver kostnaden medfört att omslaget behövt produceras några dagar före övrigt innehåll. I mitten av 1990-talet ansåg flertalet tidningsförlag att lackering med vattenbaserad lack direkt i tryckpressen var en helt acceptabel ersättning för laminering. SGAB installerade därför sommaren 1996 en ny arkpress i format 52x74 cm från Koenig & Bauer med 5 tryckverk, lackverk och tork. Tryckhastigheten 15.000 ark/tim, då hög för en arkpress, nåddes även i praktiken. Pressen användes givetvis även till olackerade omslag och andra förekommande trycksaker.

Ny snabb 16-sidig rulloffsetpress

I februari 1997 kunde SGAB ta en nyinstallerad Rotoman med en tryckhastighet på 60.000 ex/tim i drift. Pressen var köpt i München och endast obetydligt begagnad. De först installerade Rotoman-pressarna från 1982 och 1983 hade ett par år tidigare genomgått genomgripande renoveringar med stillestånd under ett par månader per press. Det innebar att SGAB hade en betydande 16-sidig kapacitet i en modern och väl underhållen presspark.

Det hade genom åren diskuterats om man skulle satsa på en 32-sidig press i 4-färg. SGAB hade pressar för 32-sidigt tryck men då var ena banan svart. Denna tryckmöjlighet hade förlorat i betydelse genom den snabba utvecklingen mot 4-färgstryck. Diskussionerna hade alltid utmynnat i att fortsätta med 16-sidiga pressar och därigenom ha möjligheten att flytta jobb mellan pressarna även efter det att tryckplåtarna låg klara.

Två skäl kunde tala för att satsa på en 32-sidig press. Det ena var för att klara tjockare produkter med befintligt antal iläggare på limbindaren, det andra bättre konkurrenskraft på längre upplagor. Mot detta talade att de produkter det skulle vara frågan om var de med svagast lönsamhet. Dels var de utsatta för internationell konkurrens, dels var det alltid osäkert om man fick behålla produkterna av prisskäl.

Rulloffset – inte bara för stora upplagor

Under 1970-talet trycktes tidningarna och tidskrifterna i allmänhet i arkoffset. Det visade sig dock i många fall lämpligt att flytta över tryckningen till rulloffset eftersom man då fick fram ark till inlagan som var falsade och tillräckligt torra för omedelbar vidarebearbetning i bokbinderiet. Det innebar kortare produktionstid och möjlighet till mera aktuellt innehåll i de fall detta hade någon betydelse. För säker produktion behövde man mer än en rullpress och det hade man från mitten av 1970-talet.

Under 1980-talet flyttades allt flera tidningar och tidskrifter över till rulloffset, även sådana med en ganska måttlig upplaga. Ett antal faktorer motverkade dock en överflyttning. Den viktigaste var kanske de förhållandevis höga startup-kostnaderna för varje tryckark. En annan de höga kostnader som uppkom om det visade sig att tryckplåtarna innehöll korrekturfel och pressen måste stoppas och ev vänta på omgörning av en eller flera plåtar. Om det fattades ark i bokbinderiet uppkom både väntetider och höga kostnader för tilltryckning av ett begränsat antal ark. Ytterligare en faktor kunde vara att fyrfärgsbilderna var reproducerade för tryck i arkoffset och att resultatet då inte blev helt tillfredsställande i rulloffset.

Efter hand lärde man sig hantera problemen någorlunda väl men en bit in på 1990-talet förändrades läget. Kvalitetsarbete över hela linjen hade drastiskt minskat det antal tryckplåtar som behövde göras om. Även startup-kostnaderna för varje tryckark hade kunnat pressas genom minskad inkörningsmakulatur, bl a beroende på att tryckplåtarna scannats före insättning i pressen och att därmed färgmatningen kunnat förinställas rätt väl automatiskt. De mindre upplagorna kunde också med fördel köras i de äldre, långsammare pressarna som hade avsevärt lägre timkostnader än de nyare och snabbare.

Man skall också hålla i minnet att det inte bara handlar om tryckning. De upplagemässigt mindre tidskrifterna kunde innebära lika mycket arbete inom sätteri och repro som tidskrifter med stora upplagor. Lönsamheten på dessa produkter var i allmänhet tillfredsställande eftersom man slapp utlandskonkurrens. Konkurrensen inom Sverige var i regel med företag som var mindre produktiva.

Utökad limbindningskapacitet

SGAB hade efter hand kommit att få fler limbundna tidningar och limbindningskapaciteten var emellanåt en trång sektion. Företaget hade en större maskin, en Normbinder med många iläggningsstationer, bilagestationer och palletterare och en mindre Starbinder.

Mälarbok i Eskilstuna kom under våren 1997 i ekonomiska problem och gjorde snart konkurs. De hade också en större Normbinder och under sommaren köpte SGAB den samtidigt som Starbindern såldes. Beslutet drog med sig omflyttningar i lokalerna men samtidigt fick SGAB två ganska likvärdiga maskiner som gav både ökad produktionskapacitet och leveranssäkerhet. Det var också i någon mån en förstärkning med tanke på ökad tryckkapacitet inom koncernen. Man fick också så småningom in djuptrycksprodukter från koncernföretag för limbindning men då visade sig problem med toluenlukt, vilket medförde att ventilationen måste kompletteras.

Miljöfrågor

Under 1990-talet kom miljöfrågorna alltmer in i den grafiska branschen, först hos pappersbruken men sedan även hos tryckerierna. Det handlade mycket om de kemiska produkter som användes i produktionen och det blev alltmer viktigt att kunna visa upp ett miljöcertifierat företag. SGAB anställde i början av 1997 Charlotta Lyon som då var en högskoleutbildad miljöingenjör. Hon hann lägga grunden för miljöarbetet i SGAB innan hon efter några år gick vidare till andra företag.

Del 5
Koncernutveckling och ledning

Ägarändringar och koncernstrukturer

SGAB ägdes från starten i februari 1958 fram till ABA:s övertagande 1 juli 1964 av Affärsvärlden och dess ägare Arne Nilsson. VD i bolaget var Lars Wirström. ABA var därefter ensam ägare av SGAB under drygt 20 år. När Sture Blomberg, som var den som förvärvade SGAB, lämnat posten som VD i ABA uppkom tankar på att avyttra SGAB. Bolaget låg utanför kärnverksamheten och det fanns heller inga personer i ledningen som kunde eller hade något större intresse av den grafiska branschen. De ursprungliga motiven för förvärvet hade också försvagats av utvecklingen i SAS-koncernen och i den grafiska branschen.

När Lars Wirström gick i pension i början av 1986 fanns flera intressenter beredda att köpa SGAB men buden var inte intressanta. ABA hade rekryterat Ingvar Persson som ny VD. Han var bekant med personer i ABA:s ledning och hade nyligen pensionerats som chef för flygvapnets underhållsverkstad i Malmslätt utanför Linköping. Man kan tänka sig att Ingvar Persson sågs som en tillfällig lösning i avvaktan på en försäljning av bolaget.

Hösten 1986 var det skarpt läge. Esselte hörde av sig och nu var villkoren på rätt nivå. Vad tanken var från Esseltes sida vet jag inte men avsikten var att lägga det tillsammans med eller under Rotogravyr i Solna. Efter kraftiga protester från personalen på SGAB, som möjligen befarade det värsta, drogs dock den tilltänkta affären tillbaka.

I början av 1988 gjordes en framstöt från TIBA som blivit bekymrade för sitt djuptryck. Framstöten ledde till ett samgående där ABA fick 75% av ägandet i SGAB och LO och ett antal fackförbund 25%. SGAB blev moderbolag i koncernen och Hans Carlsson från

Tibasidan blev ny VD med Ingvar Persson som platschef. Samgå-
endet accepterades av personalen utan större entusiasm eftersom
man hellre konkurrerat med TIBA som upplevdes som en ganska
svag medtävlare på tidskriftssidan.

Redan i början av 1989 hörde Interprint av sig och även den
framstöten ledde till affär. Interprint hade kort innan bildats
genom samgående mellan Esselte Rotogravyr och Bonnierägda
Å&Å-Tryck nära Odenplan i Stockholm. De båda koncernerna hade
bestämt sig för att gemensamt bygga ett stort och modernt djup-
tryckeri i Kungens Kurva strax söder om Stockholm. Inte heller
denna gång fanns någon större entusiasm hos SGAB:s personal
men samgåendet mötte inga större protester. Många såg med skep-
sis på satsningen i Kungens Kurva och kände ovisshet om vad det
på sikt kunde betyda för SGAB.

Samgåendet mellan SGAB-koncernen och Interprint resultera-
de i att Grafon-koncernen bildades i mitten av 1989 med Rune Sir-
vell från Interprint som chef. Hans Carlsson återgick till Tiba och
djuptrycket. Grafon kom snart att till lika delar ägas av ABA, Bon-
nier och Esselte sedan LO-sidan dragit sig ur. Ingvar Persson
återkom som VD för SGAB.

I mitten av 1990 bestämdes att Hans Carlsson skulle återgå
till SGAB som VD när Ingvar Persson vid det kommande årsskiftet
skulle avgå med pension. De stora ekonomiska problemen i Inter-
print ledde dock till att man i januari 1991 beslöt upplösa Grafon i
två separata koncerner, varvid SGAB åter blev moderföretag i en
koncern. Hans Carlsson fick stanna i Stockholm för att hjälpa till
inom djuptrycket och Ingvar Persson blev nu tf VD för SGAB. I juni
1991 beslöts att Ingvar Persson skulle gå i pension och att Ulf
Persson, ekonomidirektör sedan 1982 och vice VD, skulle bli ny VD
i SGAB. Hans Carlsson hade strax innan utsetts till VD för Inter-
print.

Interprint hade en skakig resa och kom aldrig på fötter. I maj
1991 hade man genomgått en rekonstruktion där ABA och Bonniers
tillsköt pengar och Esselte lämnade sina aktier i SGAB som till-
skott. I maj 1993 måste Interprint ändå begära sig i konkurs. SGAB
påverkades inte direkt men självfallet oroades bolagets affärspart-
ners. Under sen höst kunde Interprint rekonstrueras och lades nu

in som dotterbolag till SGAB men med egen styrelse och en relativt självständig ställning inom koncernen. Ägare var nu Bonniers och Proventus, sedan sistnämnda bolag övertagit ABAs roll. Esselte hade dragit sig ur fortsatt engagemang.

Det blev nu en organisatoriskt sett lugnare period men mot slutet av 1996 köptes hela verksamheten av det schweiziska UBS Capital och det finska MB Corporate Finance. Koncernen strukturerades om och koncernen blev nu Tryckinvest i Norden AB (TINA). Djuptryckeriet Helprint OY i Mikkeli i Finland tillfördes koncernen. Tanken var att sälja koncernen eller att börsintroducera den. Det blev det senare alternativet och TINA noterades på börsen den 8 juni 1998. Strax därefter kom ett uppköpserbjudande från den kanadensiska tryckerikoncernen Quebecor Printing som stöddes av styrelsen och också blev verklighet.

Verksamheten i Katrineholm rullade på anmärkningsvärt stabilt under den ovan relaterade tioårsperioden fram till börsintroduktionen. För ledningen innebar dock de återkommande organisationsändringarna och kraven på utredningar av olika slag att fokus tidvis flyttades bort från den egna löpande verksamheten. SGAB fick under flera år ställa en stor del av ekonomichefens tid till koncernens förfogande, vilket innebar att jag som VD fick ta på mig en del som normalt skulle fallit på ekonomichefen.

Quebecors inträde i TINA ledde till att jag fick lämna posten som VD i SGAB och vice VD i TINA. Jag tror inte det berodde på att jag gjort ett dåligt jobb men kanske ville man ha en annan inriktning på ledningen. Jag fick aldrig något besked på den punkten. Jag hade ändå överlevt flera ägarskiften och valde att se tillbaka på 17 år med intressanta uppgifter och ett bra kamratskap. Företaget var framåt och duktigt när jag började och när jag slutade hade det avancerat till platsen som landets främsta offsettryckeri inom civilsektorn med en stor och nöjd kundkrets.

Lika väl som det fanns spekulanter på SGAB fanns det de som av olika skäl vilja sälja sina bolag till SGAB. Styrelsen och ledningen var dock i allmänhet ganska kallsinniga till sådana propåer då man befarade att det skulle leda till lednings- och samordningsproblem. De som ville sälja hade i allmänhet redan råkat i problem.

Del 6
Framgångsfaktorer

Vad var det som ledde till framgången?

Det är inte möjligt att i en kort sammanfattning klara ut vad som ledde till SGAB:s resa från ett ganska vanligt landsortstryckeri till sverigeledande offsettryckeri utanför dagstidningssektorn. Jag skall dock lyfta fram några viktiga punkter.

• Det fanns en tydlig vilja från ledningen att utveckla företaget till något mer än ett ordinärt landsortstryckeri. Lars Wirström drevs redan från tidigt 50-tal av en vision att skapa ett ledande tidskrifts tryckeri någonstans i Sverige. Han var en entreprenör men från början utan tillgång till något större kapital.

Wirströms tidiga kontakt med Affärsvärldens redaktör redan i Falun blev av största betydelse och parterna, som båda hade sina svårigheter, kämpade på gemensamt. Det ledde till en bestående samarbets- och vänskapsrelation. Affärsvärlden var en viktig kund under hela den tid som här redovisas och intog en berättigad särställning. Tidningen var hela tiden starkt utvecklingsinriktad och tillvaratog uppkommande möjligheter att förbättra sin produkt och öka aktualitetsgraden.

• Kontakten med ABA uppkom genom att båda parter kände chefredaktören på Affärsvärlden. ABA hade dock en annan motivation för att gå in i SGAB än Affärsvärlden haft och bolagets VD Sture Blomberg såg säkert något annat framför sig än det lilla landsortstryckeri han övertagit. För ABA var det ingen stor satsning ekonomiskt och man kunde erbjuda finansiella resurser av en annan dignitet än de Wirström var van vid. Det omedelbara motivet för ABA att gå in var en avsikt att satsa på arkoffset i större pressar än man kunde ha på Bromma flygplats. Uppbyggnaden av offset började också redan året efter förvärvet och fortsatte även sedan offset blivit allenarådande efter boktryckets avveckling 1978/79.

Det förefaller troligt att det fanns en ambition hos Blomberg att erbjuda SAS och närstående bolag en bra service på det grafiska området, inklusive mediaområdet. Han var starkt pådrivande när det gällde samarbetet med flygsidan men han övervakade också ekonomin i SGAB noggrant, bl a genom veckovisa rapporter på bestämda tider.

• Satsningen 1971 på rulloffset som från en besvärlig men säkert lärorik start kom att bli företagets verkliga styrka. Men den resan tog drygt tio år.

• Satsningen, också 1971, på den nya fotosättningstekniken genom att anställa en nyexaminerad ingenjör. Medarbetaren stannade i företaget under hela den tid som täcks av denna bok. Han medverkade i hög grad till att SGAB helhjärtat anammade den tekniska utvecklingen på fotosättningsområdet och kom att inta en ledande position bland svenska civiltryckerier.

• I samband med att man satsade på den andra 16-sidiga rulloffsetpressen 1973 anställdes en kompetent teknisk chef. Man kunde inte längre förlita sig på extern service från maskinleverantörer och andra utan måste stärka upp den egna underhållsavdelningen som försiktigt startades några år tidigare. Den tekniska chefen blev en viktig person i den fortsatta utvecklingen av företaget, speciellt vad gäller tryckeri och bokbinderi/distribution.

• Investeringsverksamheten i maskiner och teknisk utrustning fortsatte att ligga på en hög nivå under hela den tid som redovisas här. Successivt skedde dock en förskjutning mot mer mjuka faktorer i syfte att bättre utnyttja gjorda materiella investeringar. En viktig sak var att utveckla den ekonomiska uppföljningen och styrningen. Det krävde en utbyggnad av datautnyttjandet för administrativa ändamål och den kom också till stånd 1983. I början av 1990-talet sjösattes också ett företagsbyggt system för kalkylering som blev ett värdefullt verktyg för att styra inriktningen på produkter och marknader.

• Inriktningen på tidningar och tidskrifter, som går tillbaka åtminstone till 1954, gjorde att SGAB genom åren lärde sig kundernas behov och önskemål och kunde bygga organisation och maskinpark efter detta. Tillväxten av kunder och produkter var ganska stabil men i början inte särskilt snabb. I början av 1980-talet skedde dock en förändring genom installation av den då relativt snabba och högkvalitativa Rotomanpressen. Man kunde då betydligt effektivare än tidigare få fram 16-sidiga tryckark i 4-färg, falsade och klara för omedelbar klammerhäftning eller limbindning och adressering. Produktionstiden för en tidning förkortades betydligt och medgav ökad aktualitet av innehållet. Detta hade inte betydelse för alla tidningar men för många. SGAB hade också nått en volym som möjliggjorde dubbleringar även av tyngre produktionsutrustningar av olika slag, vilket var en garanti för säker produktion.

Sätteri och repro utvecklades också snabbt i början av 1980-talet och SGAB arbetade med ett upplägg där kunderna kunde välja hur de ville arbeta med sina produkter. Alla var inte lika långt komna i sin egen utveckling och behoven varierade. Denna individualisering av kunderna i en omfattande produktion var viktig och ett utslag av hur SGAB genom åren sett på sina kunder. Många kunder som inte själva skulle drivit på utvecklingen drog fördel av den utveckling som skedde för mera krävande kunder.

• Introduktionen av Autocounterna och det till dem kopplade CIM-systemet våren 1993 innebar att SGAB fick ett kraftfullt administrativt verktyg i sin hand.. Plötsligt hade man kontroll över antalet producerade ark i rullpressarna och dessutom en massa statistik över presshastighet, intagningstider, makulatur och inte minst betydelsen av olika driftstörningar. Kunskapen om processerna i företaget ökade nästan drastiskt, inte minst genom olika företagsegna kompletteringar av systemet. En sak som man på allvar tog itu med var att få upp tryckhastigheten i pressarna, man hade under lång tid legat under leverantörens rekommendationer eftersom man då fick mindre problem. Samma filosofi med ökade maskinhastigheter överfördes senare till bokbinderiet.

• Det idoga kvalitetsarbete som bedrevs i SGAB med från mitten av 1980-talet successivt ökad målmedvetenhet. Inriktningen på att kartlägga problem och svagheter i produktionsprocesserna och sedan systematiskt åtgärda dem gav resultat på bred front. All personal engagerades i kvalitetsarbetet via ständiga förbättringar och en aktiv förslagsverksamhet. Företaget visade en betydande vilja att investera i kvalitetsrelaterade investeringar.

• Översynen av logistiken gav nästan en aha-upplevelse. Följden blev en flödesorientering av produktionen som utgick från det sista steget i produktionskedjan, nämligen bokbinderi/distribution. En radikal ändring av avdelningens layout blev också följden liksom nyinvesteringar och komplettering av befintliga maskiner. Resultatet förvånade alla eftersom man i fortsättningen fick igenom en betydligt ökad produktion utan att det märktes.

• Naturligtvis var en väl fungerande marknads- och försäljningsavdelning av största betydelse. Dock kan man utan vidare säga att praktiskt taget alla som kunderna kom i kontakt med på företaget kände sitt ansvar för kundrelationerna.

• En faktor som inte skall förbises är att SGAB någonstans runt 1990 nådde en kritisk massa, man var så stor att man var intressant att samarbeta med, inte bara att sälja till.

• Man säger ofta att personalen är företagets viktigaste tillgång. Många gånger är det floskler, läpparnas bekännelse. I fallet SGAB måste man framhålla den yrkesskicklighet och det engagemang som utvecklats på en ort utan grafiska traditioner liksom det goda förhållande som rått genom åren mellan ledning och personalen i stort. Man skall inte heller bortse från att företaget genom åren varit öppet för externa rekryteringar av medarbetare som kunnat fungera som jästen i brödet. Satsningen från 1980-talet och framåt

71

på akademisk utbildade medarbetare med arbetslivserfarenhet, dock inte från den grafiska branschen, har tillfört ny kompetens och nya synsätt.

• Organisationen har i den dagliga verksamheten varit ganska platt och lämnat betydande ansvar och handlingsutrymme för enskilda medarbetare. Företagets VD har alltsedan företagets start tillämpat Management by Walking Around och därigenom fortlöpande skaffat sig egen kunskap om problem och möjligheter i produktionen. Det har också bidragit till god personkännedom och givit medarbetarna möjlighet att omgående få svar på sin frågor.

• Satsningen från 1982 på en öppen och ärlig personalinformation genom personaltidningen SG-Nytt och senare SGAB Info bidrog säkert också till att bygga en god företagsanda.

• De lokala fackklubbarna har också haft företagets bästa för ögonen samtidigt som man naturligtvis fullföljt sin uppgift att bevaka personalens intresse. När en mobilisering behövts har ledningen som regel kunna förlita sig på att personalen ställt upp. Någon har nämnt ordet bruksanda och det kan ligga något i det om man ser till ordets positiva innebörd.

• Det ekonomiska resultatet utvecklades mycket positivt under 1990-talet. Man kan se det som att det mångåriga och målinriktade arbete som lagts ned i företaget till slut visat sig även i det redovisade resultatet. Det kan naturligtvis också ses som en bekräftelse på att det arbete som under 1990-talet gjordes på bred front i företaget hade effekt. Och man kan tillägga att det skedde under ett decennium av stark turbulens när det gällde koncernorganisation och ägande.

Styrelseordföranden och verkställande direktörer

Sörmlands Grafiska AB
Styrelseordföranden från 1958 till år 1990

ANDERS ÅKERBLOM
1958-1964

STURE BLOMBERG
1964-1981

CARL-OLOV MUNKBERG
1982-1984

OLLE HEDBERG
1985-1990

Bildcollagen på detta uppslag är hämtade från Lars Wirström: Sörmlands Grafiska - ursprung och milstolpar. Katrineholm 2001

Sörmlands Grafiska AB
Verkställande Direktörer
från starten 1958 till år 1998

LARS WIRSTRÖM
1958-1986

INGVAR PERSSON
1986-1988, 1989-1991

HANS CARLSSON
1988-1989

ULF PERSSON
1991-1998

Efterskrift

Vad hände sedan?

Tanken med denna bok har varit att teckna Sörmlands Grafiskas utveckling från ett litet landsortstryckeri till att på 1990-talet vara sverigeledande inom offsettryckning utanför dagstidningssektorn. Läsaren kan dock med fog fråga sig hur utvecklingen för företaget såg ut efter 1998, som ju är sluttidpunkt för bokens redovisning.

Jag lämnade i praktiken Sörmlands Grafiska i och med utgången av 1998 och har därefter inte haft någon kontakt med bolaget innan jag för denna bok gjorde ett besök i april 2022. Den efterföljande redovisningen bygger dels på uppgifter som är tillgängliga på Internet, dels intervjuer med medarbetare som arbetat efter min tid samt årsredovisningar för några aktuella år.

Det kanadensiska Quebecor Printing, som redan ett antal år tidigare etablerat sig i Europa, förvärvade Tryckinvest i Norden AB (TINA) hösten 1998 genom uppköp på börsen. Förvärvet omfattade de rörelsedrivande bolagen Sörmlands Grafiska, Interprint Kungens Kurva AB, Helprint OY och Tryckeri AB Småland. Quebecor Printing, som redan var ett av världens största tryckeriföretag, gick 1999 samman med den amerikanska tryckerikoncernen World Color Press. Den nya koncernen kallades Quebecor World Inc och var då det största tryckeriföretaget i världen.

Quebecor hade betalat ett högt pris för TINA-koncernen och hade med största sannolikhet felbedömt den nordiska trycksaksmarknaden. Det fanns flera aktörer på marknaden och fördelarna med att tillhöra en internationell koncern var måttliga. Genom köpets uppläggning uppkom stora goodwillposter i koncernens bolag, vilka belastade årsresultaten i form av avskrivningar.

Det ekonomiska resultatet utvecklades inte alls som tänkt och för Sörmlands Grafiska innebar det allt svagare resultat.

Efter 2005 övergick rörelseresultatet före finansiella poster i rena förluster även om man bortser från goodwillavskrivningarna. Ledningen förhöll sig dock optimistisk och trodde att det allt mer prekära läget skulle kunna botas med investeringar. Inriktningen på dessa var dock sådan att man all mera styrde bort från det koncept som gjort företaget framgångsrikt och lönsamt.

Tryckeri AB Småland i Jönköping var dotterbolag till Sörmlands Grafiska sedan slutet av 1980-talet. Bolaget var ett mindre men välskött arktryckeri. När VD:n Rolf Blomqvist närmade sig pensionering valde koncernledningen att gå samman med Danagårds Grafiska i Ödeshög. Maskinparken flyttades 2003 till Ödeshög och Tryckeri AB Småland blev minoritetsägare i Danagård med 49 %. Den 18 juni 2010 såldes aktieinnehavet i Danagård.

Interprint hade dragits med allvarliga ekonomiska problem alltsedan starten. Läget hade blivit bättre efter den omstart som skedde efter konkursen 1993 men i början av 2000-talet var läget åter bekymmersamt. Quebecor World beslöt 2004 att inleda en avveckling av verksamheten i Kungens Kurva. De två djuptryckspressarna flyttades till koncernföretag i Finland (Helprint) och Belgien.

Efter 2005 återstod endast Helprint och Sörmlands Grafiska som rörelsedrivande bolag i den nordiska företagsgruppen och bolagen underställdes Quebecors Europachef.

Quebecor tvingas sälja Sörmlands Grafiska

2007 råkade Quebecor World i finansiella problem och måste året efter söka skydd under chapter 11 i den amerikanska konkurslagstiftningen. Koncernens banker ville inte skjuta till medel så att man skulle kunna fortsätta verksamheten. Följden blev att koncernen måste sälja av sina tryckerier i Europa och köpare blev en grupp holländska investerare. 2010 upphörde Quebecor World och verksamheten överläts till Quad/Graphics, ett amerikanskt företag som vuxit snabbt från nästan ingenting.

Holländarnas köp av den nordiska verksamheten skedde den 26 juni 2008 och innebar att de svensk-finska tryckerierna kom att ingå i gruppen Circle Printers. Redan den 29 december samma år såldes det finska djuptryckeriet Helprint inom koncernen med en redovisad förlust på över 400 Mkr. Circle Printers gjorde stora investeringar i Katrineholm men lyckades inte göra verksamheten lönsam. Man kunde ändå under flera år överleva genom att behålla momspengar som återbetalats från skattemyndigheterna med avsikt att de skulle vidarebefordras till tryckeriets kunder. Efter en dom i Högsta Förvaltningsrätten innebärande att återbetalning till kunderna måste ske hade bolaget ingen annan utväg än att begära sig i konkurs i början av 2016. Efter budgivning kom det danska företaget Stibo in som ny ägare till det som återstod av Sörmlands Grafiska.

Circle Printers, som ändrat namn till Circle Media, förde en allt mer expansiv tillvaro och förvärvade ett flertal välkända tryckerier i Holland och närliggande länder. Gruppen gick dock i konkurs 2019 och flertalet tryckerier försvann från marknaden. Helprint såldes våren 2019 till det privatägda Printers Group OY men gick i konkurs i början av 2020.

Bibehållen verksamhet trots förluster

Verksamheten i Sörmlands Grafiska var 1998 relativt opåverkad av Quebecors övertagande under hösten samma år. Antalet anställda var då 376 och omsättningen 464 Mkr. Antalet anställda ökade något under de närmaste åren därefter.

2007, som var det sista hela året med Quebecor som ägare, redovisas antalet anställda till 365 och omsättningen till 602 Mkr. 2010, när Circle Printers ägande stabiliserats, redovisas 330 anställda och 557 Mkr i omsättning.

Personella förändringar

Hans Carlsson, som varit koncernchef i TINA sedan bolagets start, fick lämna sin post i oktober 2000. Nils Ringborg lämnade i oktober 2003 posten som VD i Sörmlands Grafiska efter fem år. Han efterträddes av Hans Engström, som tvingades lämna VD-posten 2012. Engström efterträddes av Seppo Rantala, som var VD både i Helprint och Sörmlands Grafiska.

Dagens tryckeri i Katrineholm

Tryckeriet i Katrineholm drivs numera under namnet Stibo Complete. Antalet anställda är drygt 80 och omsättningen knappt 300 mkr. Tryckeriet består av två rulloffsetpressar, en 32-sidig och en 48-sidig, samt en arkpress främst för omslag. Tryckplåtarna tas fram med hjälp av ett antal CTP-maskiner (Computer-to-Plate). Företaget har inte i övrigt någon repro-avdelning eller sätteri, däremot en omfattande utrustning för efterbehandling och distribution av de tryckta produkterna. Produktsammansättningen är blandad och har inte samma fokus på tidskrifter som Sörmlands Grafiska hade under många år. Tidskrifter är dock en viktig produkt även för Stibo.

Verksamheten disponerar samma lokaler som Sörmlands Grafiska tidigare hade, då med 400 anställda och en årlig pappersförbrukning på 30.000 ton. Den aktuella pappersförbrukningen ligger strax under 20.000 årston och det säger sig självt att lokalerna inte är fullt utnyttjade i dagsläget. Lönsamheten i företaget är ändå god.

Efter Stibos övertagande tillsattes en platschef i Katrineholm men befattningen har senare ändrats så att bolaget har egen VD.

Kort om Stibokoncernen

Koncernen går tillbaka på Århus Stiftsboktryckeri, vilket grundades redan 1794. Koncernen är fortfarande en stiftelse och har som sådan inga ägare som vill ha utdelning. Den totala omsättningen ligger på två miljarder danska kronor, varav hälften kommer från tryckeriverksamheten och hälften från IT-system, främst redaktionella system för produktion av dagstidningar bl a i USA.

Stibo har tryckerier i Århus, Horsens och Vadum i Danmark. I Sverige har man även GigantPrint i Norrköping.

Stibos huvudkontor ligger i Århus medan ledningen för tryckeriverksamheten finns i Horsens.

Bilaga 1 (Översikt av rulloffsetpressar med ansk.år)

1971 Solna 16-sidig RP-36 m flamtork. Avyttrad troligen 1974 eller 1975

1973 GMA 16-sidig (1985 ombyggd till Rotoman med nya tryckverk mm)

1974 Zirkon 8-sidig (år osäkert)*

1975 Zirkon 8-sidig (år osäkert)*

1980 Zirkon 8-sidig (år osäkert men 1982 fanns 3 Zirkonpressar)*

1982 Rotoman 16-sidig (30.000 ex tim)

1983 Rotoman 16-sidig (35.000 ex/tim)

1985 Rotoman 16-sidig (ombyggnad av GMA-press, se ovan. 35.000 ex/tim)

1989 Rotoman 16-sidig (50.000 ex/tim)

1992 Octoman 8-sidig (50.000 ex/tim)**

1997 Rotoman 16-sidig (60.000 ex/tim)

*) 1984 En Zirkonpress (intill GMA-pressen) byts ut mot en ny OP8 från Miller-Nohab i Trollhättan

1984 En Zirkonpress (i bokbinderihallen) får nya tryckverk, styrning mm och blir därmed i princip en OP8

1985 En Zirkonpress (intill första Rotomanen) tas ur drift när GMA-pressen är ombyggd till Rotoman. SGAB har därefter 2 st 8-sidiga rullpressar

**) Octomanen byggs upp intill den till Rotoman ombyggda GMA-pressen och där befintlig OP8 avyttras. Efter idrifttagande av Octomanen avyttras även den återstående OP8-pressen (i bokbinderihallen)

Källor

Wirström. Lars. Sörmlands Grafiska – ursprung och milstolpar. 144 s. Katrineholm 2001

Svendsen, Trygve. Från Sörmlands Grafiska till Sky market och Scantype. 52 s. Katrineholm 2001

Sörmlands Grafiska: Tryckta årsredovisningar 1981-1988, 1992-1993

Sörmlands Grafiska (bolagsnr 556049-9906). Årsredovisningar 1998-2001 och 2007-2010. Bolagsverket.

Interprint Quebecor (bolagsnr 556015-5490). Årsredovisning 2000. Bolagsverket.

Quebecor Printing Scandinavia (bolagsnr 556557-0305). Koncernmoder. Årsredovisning 1998-06-09 – 1998-12-31. Bolagsverket.

Quebecor World Scandinavia (bolagsnr 556557-0305). Koncernmoder. Årsredovisningar 2000 och 2007. Bolagsverket.

Sörmlands Grafiska Scandinavia (bolagsnr 556557-0305). Koncernmoder. Årsredovisning 2008. Bolagsverket.

Sörmlands Grafiska: SG-Nytt. Tryckt personaltidning 1982-1990

Sörmlands Grafiska: SGAB Info. Tryckt personaltidning 1991-1993

Sörmlands Grafiska: Nyhetsbladet. Kopiatorframställd personalinformation 1991-1999

Grafon: GrafonNytt. Personalinformation 1990 (nr 2-5)

Grafiskt Forum nr 8/1979 (Ett grafiskt storföretag)

Ulf Persson: Privat dagbok 1991-1999

Av samma författare

Persson, Ulf. Sextio år med data En självbiografisk berättelse.
188 s. Kumla 2022

Om författaren

Jag är född 1940 i Örebro och tog studenten där på reallinjen 1960. Efter militärtjänst och en kortare praktiktjänst i ett verkstadsföretag började jag 1 juli 1961 på länsstyrelsens skatteavdelning i Örebro för utbildning till landskanslist.

När en statlig kommitté i början av 1962 sökte anställda inom skatteväsendet för utbildning till programmerare anmälde jag mig. Jag antogs och började mitt arbete i Stockholm i augusti 1962. Projektet gick ut på att utnyttja ADB inom folkbokföring och skatteuppbörd. Från 1967 arbetade jag med samordning och ledning av datadriften vid länsstyrelsernas nyinrättade datakontor.

Under åren 1963-1967 studerade jag vid Handelshögskolan i Stockholm parallellt med arbetet i dataprojektet och avlade examen som civilekonom med inriktning på personaladministration och företagsorganisation.

1970-1981 arbetade jag inom Allmänna Förlaget och Liber Grafiska, som då ingick i Statsföretagsgruppen. Första året var jag internkonsult med inriktning på ADB-användning inom det grafiska området, därefter ekonomichef och mot slutet vice VD. Koncernen Liber Grafiska omfattade 1980 cirka 1200 anställda, huvudsakligen inom förlagsverksamhet och grafisk produktion.

Jag kom 1982 till Sörmlands Grafiska som ansvarig för ekonomi och administration. Augusti 1991 – november 1998 var jag VD i företaget.